职业技术院校机电类技能训练丛书

谭积明 等 编著

数字制造技术技能实训教程
——加工中心（上册）

清华大学出版社
北京

内容简介

本书以培养加工中心操作工和数控铣工中级工为目标，以工作任务为纽带，以培养学生分析和解决数控加工实际问题的能力为出发点，涵盖了加工中心和数控铣工等实训内容，书中的实训模块均与实际加工零件相结合，包括零件实际加工的整个过程。模块之间遵循由简单到复杂的学习思路，内容由浅入深，力求能容易地被学生读懂、理解并应用实践，符合学生的认知习惯，让学生在模块教学的过程中学习。充分发挥学生的主观能动性，使教、学、做三者有机地结合，达到一体化教学的效果。

本书可作为普通高等院校、应用型本科机械专业数控加工技能训练课程的实训教材，也可作为技师学院、技工学校和中等职业学校数控机床加工专业的实训教材，还可作为数控从业人员培训学习的参考用书。

图书在版编目（CIP）数据

数字制造技术技能实训教程. 加工中心. 上册/谭积明等编著. --北京：清华大学出版社，2015
（职业技术院校机电类技能训练丛书）
ISBN 978-7-302-40279-4

Ⅰ. ①数…　Ⅱ. ①谭…　Ⅲ. ①数控机床加工中心－高等职业教育－教材　Ⅳ. ①TH16-39 ②TG659

中国版本图书馆 CIP 数据核字（2015）第 106359 号

责任编辑：赵　斌
封面设计：傅瑞学
责任校对：赵丽敏
责任印制：刘海龙

出版发行：清华大学出版社
网　址：http://www.tup.com.cn，http://www.wqbook.com
地　址：北京清华大学学研大厦 A 座　　邮　编：100084
社 总 机：010-62770175　　邮　购：010-62786544
投稿与读者服务：010-62776969，c-service@tup.tsinghua.edu.cn
质 量 反 馈：010-62772015，zhiliang@tup.tsinghua.edu.cn
印 装 者：三河市吉祥印务有限公司
经　销：全国新华书店
开　本：185mm×260mm　　印　张：9.75　　字　数：233 千字
版　次：2015 年 8 月第 1 版　　印　次：2015 年 8 月第 1 次印刷
印　数：1～2000
定　价：26.00 元

产品编号：059606-01

职业技术院校机电类技能训练丛书

顾　　问：孟庆国　孙奇涵

丛书主编：张玉洲

编　　委(按姓氏笔画排序)：

王　飞　刘卫华　闫虎民

迟　涛　胡文泉　徐国胜

雷云涛　谭积明　谭　斌

序言1

preface

天津职业技术师范大学工程实训中心，汇集金工教研室、数控教研室、电子教研室和机电教研室的群体力量，在多年工程训练和职业技能课程实践的基础上，以张玉洲研究员为丛书主编，先后出版了这套20余本的工程训练特色教材。这套教材得以出版，很不容易，是众多的骨干教师和出版社编辑辛勤劳动与智慧的结晶。

从总体上看，该套特色教材的核心内容分为三个部分：一是常规制造技术实训部分，二是先进制造技术实训部分，三是检测技术、控制技术和智能楼宇技术实训部分。这三部分工程训练的内容，远远超出了原金工实习和电子工艺实习的范畴，而随着我国改革开放的前进步伐，制造业的加速转型与发展，转化为我国应用型高校和职业技术教育工程训练中的系列课程，以及在课程施教中不可或缺的系列教材。

该套教材以培养应用型人才的实训和应用为鲜明特色，将十多年来我国工程训练领域发展的丰富内涵全面、系统、深刻地展示出来。

从本人长期进行实践教学的角度看，工程训练中心最核心的功能是培养大学生的工程实践能力。在此过程中，学习不同专业技术领域的工艺知识，增强工程素养和创新精神。这一点，恰恰是在进入大学前经历过多年应试教育的大学生所严重缺乏的。

事实上，再好的发明创造，都要有能工巧匠按照图纸的技术要求制造出来，精细地装配调试出来。否则，就只能是一堆没有实用价值的图纸。

可能有人要问，工程实践能力的核心究竟是什么？我认为，工程训练的核心是动手、是实践、是训练，是在动手、实践和训练的过程中获得动手能力。而动手能力，是在工程技术领域中使创新思维和创新设计得以实现的核心功底。

如果我们仔细观察与细致分析一下，就不难看出，学生实践能力或动手能力的培养是通过工程训练中"三感"的逐渐积累来实现的。

"三感"之一是感视。它是通过人们眼睛的视觉来观察客观存在的各种事物与现象，观察我们在训练中使用的各种设备和工具，观察在不同训练过程中出现的不同物理现象，观察诸现象中出现的细微乃至难以觉察的差异等。例如，我们在实训过程中不仅会看到常规的车床、铣床，还会看到先进的数控机床和特种加工机床等；不仅会看到平口钳、卡盘、扳手、车刀、钻头、丝锥、板牙、砂轮等，还会看到切削过程中铁屑的不同形态和在不同切削温度下呈现出不同的颜色。所有通过眼睛观察到的静态与动态的这一切，都会汇集到每位同学的脑海中。

"三感"之二是感触。它是借助我们双手的触觉，通过直接接触所操作设备中的各种手柄和加工工具，来感知不同加工过程中的振动、力度和温度等。例如，在利用钻头钻孔时，通过机床手柄，我们的双手会感受到钻头在切入、正常切削与切出时受力的差异；在利用丝锥攻螺纹时，握住铰杠的双手，不仅会感受到丝锥切入与切出时的差异，而且能够感受到什么时候将丝锥反向转动比较合适。在实训的整个过程中，我们的双手所感触到的一切，也会汇集到每位同学的脑海中。

“三感”中的最后一感是感悟。感悟在“三感”中是极为重要的。它是通过人的大脑，对眼睛感视到的信息、双手感触到的信息进行处理。这个大脑的处理过程，既是分析的过程、推理的过程、归纳的过程，也是记忆和积累的过程，是由浅层次的感性认识上升为深层次的理性认识的过程。人们的知识与经验，乃至理论，经常是这样通过手脑的反复结合来获取的。

在实践中只重视感视与感触，则不能使我们对客观世界的认识升华到高级的程度。只有最后通过感悟，才可以升华到最高的境界。这就是为什么在同样的环境和条件下，有的人水平一般，有的人水平较高，有的人则很了不起的原因所在。我们常说，实践出智慧，实践长才干。智慧和才干，必须在实践中通过感悟才能增长。不善于深入思考的人，只凭借感视和感触，很难有所成就。因此，勤于动手和勤于动脑是绝对不能分开的。我在发表的论文和学术报告中极力主张“深度思维”，力求避免“浅度思维”，就是基于上述的观点。如果我们培养的学生不懂得“深度思维”，那么他们进入大学就不是“深造”，而是“浅造”了。

全国劳动模范张秉贵在王府井商店的“一抓就准”，倪志福同志举世闻名的群钻发明，刀具大王贵玉鹏的不同刀具刃磨，首钢焊接技术专家刘宏极为精湛的焊接技术，沈飞集团高级技师方文墨在钳工领域实现 0.003mm 加工公差的高超技艺等，都为我们树立了动手、观察和“深度思维”高度结合的榜样。

另外，我在长期的基层教学、科研和管理工作中，经过反复思考，对实践的重要性归纳为下面五句话：

实践是内容最丰厚的教科书；实践是贯彻素质教育最好的课堂；实践是实现创新最重要的源泉；实践是心理自我调理的一剂良药；实践是完成简单到综合、知识到能力、聪明到智慧转化的催化剂。

张玉洲研究员主编的这套富有特色的系列教材，就是在长期实践教学的基础上，针对我国应用型大学和职业技术教育的人才培养特点，以及职业技能培养目标和技能鉴定的需求，进行了合理规划和精心编排。不仅考虑到知识点由浅入深，而且考虑到能力点由简单容易到复杂精细，充分顾及不同专业领域所需要的技能模块与教学单元之间的关系，将知识、能力和素养的培养很好地“融”为一炉，使其能满足应用型大学与职业技术教育的要求。

我希望，我们的每个学生，通过工程训练中心系统的工程实训课程，以及在使用这些具有实训和应用特色的系列教材中，能够学会在实践中观察，在观察中思考，在思考中领悟，并在领悟中得到健康、快速成长。

是为序。

清华大学　傅水根

2015 年元月 30 日

序言2

preface

我国正处在全面建成小康社会的历史新阶段，迫切要求大幅度提高生产一线劳动者的综合素质，迫切需要培养大批具有一定学习和创新能力的高水平高技能人才。为此，《国家中长期教育改革和发展规划纲要》做出了大力发展职业教育的重大战略决策，计划到2020年，形成适应发展方式转变和经济结构调整要求、体现终身教育理念、中等和高等职业教育协调发展的现代职业教育体系，以满足经济社会对高素质劳动者和高技能人才的需要。

我国《劳动法》规定，国家确定职业分类，对规定的职业制定职业技能标准，实行职业资格证书制度，由经过政府批准的考核鉴定机构负责对劳动者实施职业技能考核鉴定；《职业教育法》则明确指出，实施职业教育应当根据实际需要，同国家制定的职业分类和职业等级标准相适应，实行学历文凭、培训证书和职业资格证书制度。由此可见，面向全社会开展职业技能鉴定，推行职业资格证书制度，是我国人力资源开发的一项战略措施，对于提高劳动者素质，加强高技能人才培养，促进我国由人力资源大国向人力资源强国转变、由制造业大国向制造业强国转变，都具有非常重要的意义。

我国职业资格证书分为初级、中级、高级、技师和高级技师五个等级。目前职业院校普遍实行"双证书"人才培养制度，中等职业学校（含技工学校）毕业生一般须取得中级工职业资格证书；高等职业技术学院毕业生一般须取得高级工职业资格证书。许多职业院校还设立了技师学院，建成以培养技师和高级工为主要目标的高技能人才培养基地。2004年的全国职业教育会议明确提出，我国中等职业学校（含技工学校）的任务是培养数以亿计的高素质劳动者，而高等职业院校的任务则是培养数以千万计的高技能人才。2014年国务院发布《大力建立现代职教体系的决定》更指出要将学位证书与职业资格证书相对接。为完成历史赋予的使命，我国职业院校认真学习世界各国先进的职业教育理念，努力借鉴德国"双元制"、英国"三明治"、日本"产学结合"以及前苏联"基地企业模式"等行之有效的职业教育模式，坚持以服务为宗旨、以就业为导向，采用"理实一体化"的教学方法，实行"工学结合、校企合作、顶岗实习"的人才培养模式，职业教育水平得到快速提升。

职业技能水平是衡量职业院校人才培养质量的核心指标，为促使全国职业院校注重提升学生的职业技能水平，教育部每年举办一届全国职业院校技能大赛(China Skill)，并逐渐形成了国家级（国赛）、省级（省赛）和地市级三级职业技能竞赛体系。技能大赛的开展有效地促进了全国职业院校的人才培养，使其在人才培养过程中注重调动在校生学习职业技能的积极性，帮助他们快速提升职业技能水平，对职业教育向技能培养发展起到了很好的引导作用。

天津职业技术师范大学是一所面向全国培养高素质双师型一体化职教师资的普通高校，建校至今一直秉承“动手动脑、全面发展”的办学理念，在全国首创“双证书一体化”和“本科＋技师”的人才培养模式，先后获得两项国家级教学成果一等奖。针对我国职业院校开展职业技能训练的实际需要，本校工程实训中心(国家级实验教学示范中心)张玉洲研究员组织机电领域多名具有丰富实践教学指导经验的教师编写了职业技术院校机电类技能训练丛书。此套丛书基于“夯实基础、强化技能、紧扣标准、力求创新”的原则，并力求突出以下特点：

1. 体系完整、内容新颖

从构建完整的职业技能训练体系出发，进行合理规划和精心编排，内容适应考取相关工种职业资格证书，贴近现代企业生产实际，并尽可能反映新技术、新工艺、新设备和新标准在现代职业技能应用领域的应用，注重培养从业者的再学习能力和创新能力，以快速胜任现代企业用人标准，并适应未来的企业发展和职业活动需求。

2. 层次分明、循序渐进

遵照国家职业技能标准，按照初、中、高、技师等四个等级职业技能进行内容编排，采用职业院校普遍实行的项目教学法教学，知识点由浅入深、技能训练水平由低到高，引导学生夯实基础，稳步推进，循序渐进地提升职业技能水平。

3. 适应面广、示范性强

此套丛书不仅适合作为职业院校机电专业职业技能训练课程教材，也适合作为职业技能培训班教材，还可作为考取相应工种职业资格证书的参考书。参加此套丛书编写工作的人员全部都是一线实训教师，并均已获得技师或高级技师职业资格证书，专业技能娴熟，实训教学经验丰富。他们中很多人还具有全国技术能手、天津市技能大师、天津市技术能手等称号，经常受邀担任国家级或省市级职业技能大赛裁判或裁判长，还受邀担任世界技能大赛(World Skill)中国代表队技术指导专家和教练，了解和掌握相关职业广泛采用的国际性标准和规范。因此，此套丛书对于参加国内或国际职业技能竞赛的选手和指导教师也具有重要参考价值。

我们期望此套丛书能为全国职业技术院校机电类专业开展职业技能训练助力加油，能对提升机电专业广大师生的职业技能有所贡献，能为机电领域在岗人员开展职业技能培训提供指导和帮助，也欢迎广大读者对丛书提出宝贵意见，使之不断得以完善。

孟庆国

2015 年 7 月

前言

foreword

随着我国经济持续的高增长，以高新技术为先导的制造业对生产一线岗位上熟练掌握专门知识与技术、具备精湛的操作技能、能够解决生产工艺难题的人才的需求量急剧放大。

本书以培养加工中心操作工和数控铣工中级工为目标，以工作任务为纽带，将操作技能和理论知识有机结合，以实用，够用为宗旨，采用大量实例，图文并茂，形象直观，语言通俗易懂。力求使读者阅读后，能很快地应用在实际工作中，达到花最少的时间，学到最实用的技术技能的目的。

本书共8个模块，主要内容包括：加工中心的基本操作、简单零件加工、零件外轮廓加工(一)、零件外轮廓加工(二)、槽类特征零件加工、凹槽和六方轮廓加工、综合零件加工和复杂零件的加工，以及加工中涉及的测量知识。教材内容由浅入深，力求能容易地被学生读懂、理解并应用实践，符合学生的认知习惯，让学生在模块教学的过程中学习。希望能充分发挥学生的主观能动性，使教、学、做三者有机结合，达到一体化教学的效果。

本书由天津职业技术师范大学谭积明等编著。模块1、模块2由李杨编写，模块3由何欣编写，模块4由李世文编写，模块5、模块6和模块7由李杰编写，模块8由谭积明编写。

本书在编写中参阅了大量相关手册、教材、图册、技术资料，得到了许多专家和同行的支持与帮助，在此一并表示衷心的感谢!

由于编者水平和时间有限，书中难免有错误和疏漏之处，敬请广大读者批评指正。

编　者

2015年4月

目录

contents

模块 1

加工中心的基本操作

学习目的

(1) 熟悉数控系统面板的功能键及基本操作；
(2) 学习机床控制面板的基本操作；
(3) 了解刀柄的结构；
(4) 掌握刀具的安装方法；
(5) 养成良好的职业习惯。

学习要求

(1) 掌握机床控制面板的基本操作方法；
(2) 掌握刀具的安装方法。

学习重点

学习数控机床的基本操作。

学习难点

学习数控机床的基本操作。

教学策略

课堂讲授＋示范，现场练习、互动法。

对机床数控系统面板的基本功能键进行讲解，对机床控制面板的基本操作进行讲解，随后教师进行示范，学生按教师的示范进行机床操作练习，教师巡回指导并随机进行课题考核。

教师课前准备

1. 教学用具

授课计划、纸质及电子教案、课件、黑板、粉笔、多媒体设备等。

2. 教学管理物品

实训过程记录表、实训成绩评价标准、实训报告评分标准、实训室使用记录表、仪器设备维护保养卡等。

3. 训练用具(表 1.1)

表 1.1 训练用具清单

序号	类别	名称	规格	数量	备注
1	刀具	高速钢立铣刀	ϕ12mm，ϕ8mm	各 1 支	
		麻花钻	ϕ5.8mm	1 支	
		中心钻	A3	1 支	
2	工具	铣夹头		2 个	
		钻夹头		1 个	
		弹簧夹套	ϕ12mm，ϕ8mm	各 1 个	与刀具配套

学生课前准备

(1) 理论知识点准备：了解数控机床的结构及工作原理。
(2) 教材及学习用具准备：本教材、学习笔记、笔等。
(3) 衣着准备：穿戴好工作服、工作帽、工作鞋。

学习导入

由提问理论知识导入，通过对数控机床结构知识提问，了解学生对数控机床的掌握情况。

1.1 数控系统面板功能键介绍及基本操作

加工中心作为一种高效多功能机床，在现代化生产中扮演着重要角色，它的制造工艺与传统工艺及普通数控加工有很大不同。加工中心自动化程度的不断提高和工具系统的发展使其工艺范围不断扩展。现代加工中心更大程度地使工件一次装夹后实现多表面、多特征、多工位的连续、高效、高精度加工，即工序集中。为发挥加工中心最佳效益必须熟悉机床的功能。

1.1.1 数控系统面板的功能键

图 1.1 为 9″CRT 全键式 FANUC 0i 数控系统面板，即 CRT/MDI 操作面板。CRT 是阴极射线管显示器的英文缩写(cathode radiation tube)，MDI 是手动数据输入的英文缩写(manual date input)。

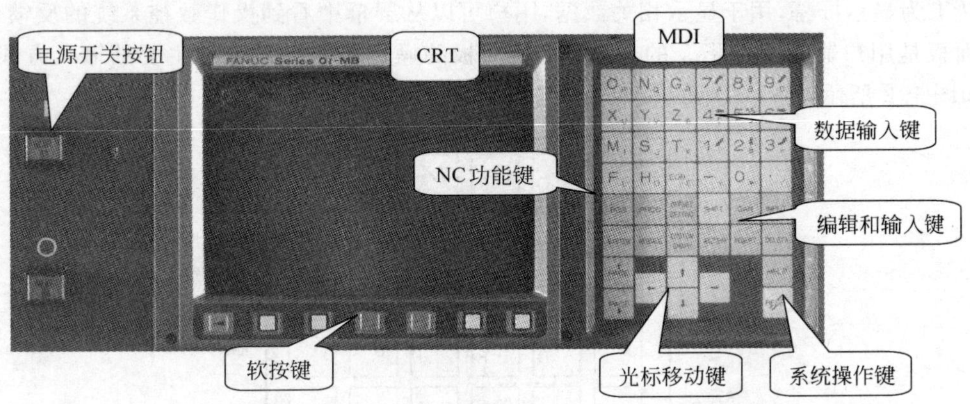

图 1.1 CRT/MDI 操作面板

1. 数控系统面板的键盘

1) 软按键

该部分位于 CRT 显示屏的下方，除了左右两个箭头键外，键面上没有任何标识，各键的功能都被显示在 CRT 显示屏下方的对应位置，并随着 CRT 显示的页面不同而有着不同的功能。

2) 系统操作键

这一组有两个键，分别为右下角“RESET”键和“HELP”键，其中的“RESET”为复位键，“HELP”键为系统帮助键。

3) 数据输入键

该部分包括了机床能够使用的所有字符和数字。字符键都具有两个功能，较大的字符为该键的第一功能，即按下该键可以直接输入该字符，较小的字符为该键的第二功能，要输入该字符须先按“SHIFT”键(按“SHIFT”键后，屏幕上相应位置会出现一个“^”符号)然后再按该键。另外键“6/SP”中“SP”是“空格”的英文缩写(space)，也就是说，该键的第二功能是空格。

4) 光标移动键和翻页键

在 MDI 面板的下方的上下箭头键(“↑”和“↓”)和左右箭头键(“←”和“→”)为光标前后移动键，标有“PAGE”的上下箭头键为翻页键。

5) 编辑键

这一组有 5 个键：“CAN”、“INPUT”、“ALTER”、“INSERT”和“DELETE”，位于 MDI 面板的右上方，这几个键为编辑键，用于编辑加工程序。

6) NC 功能键

该组的 6 个键(标准键盘)或 8 个键(全键式)用于切换 NC 显示的页面以实现不同的功能。

7）电源开关按钮

机床的电源开关按钮位于 CRT/MDI 面板左侧，红色标有“OFF”的按钮为 NC 电源关断，绿色标有“ON”的按钮为 NC 电源接通。

2. MDI 面板

CRT 为显示屏幕，用于显示相关数据，用户可以从屏幕中看到操作数控系统的反馈信息。MDI 面板是用户输入数控指令的地方，MDI 面板的操作是数控系统最主要的输入方式。

如图 1.2 所示，为 MDI 面板上各按键的位置。

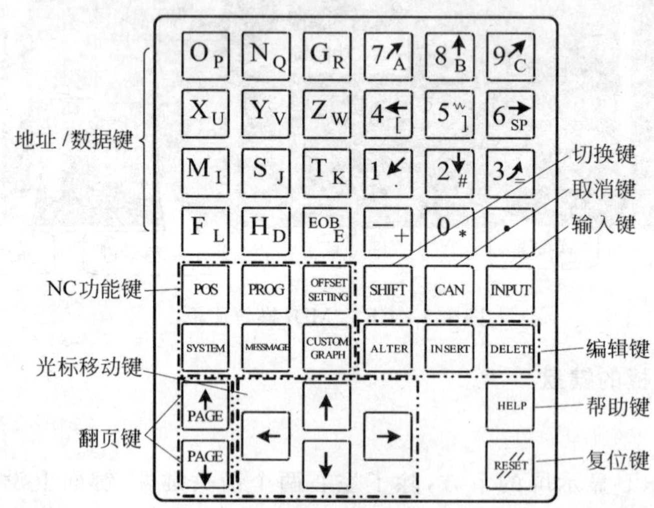

图 1.2　MDI 操作面板

表 1.2 为 MDI 面板上各键的详细说明。

表 1.2　MDI 面板上各键的详细说明

编号	名　称	详 细 说 明
1	复位键 RESET	按下这个键可以使 CNC 复位或者取消报警等
2	帮助键 HELP	当对 MDI 键的操作不明白时，按下这个键可以获得帮助(帮助功能)
3	软键	根据不同的画面，软键有不同的功能。软键功能显示在屏幕的底端
4	地址和数字键 O P 7 A	按下这些键可以输入字母，数字或者其他字符
5	切换键 SHIFT	在该键盘上，有些键具有两个功能。按下“SHIFT”键可以在这两个功能之间进行切换。当一个键右下角的字母可被输入时，就会在屏幕上显示一个特殊的字符“∧”

续表

编号	名　称	详 细 说 明
6	输入键 INPUT	当按下一个字母键或者数字键时,再按该键数据被输入到缓冲区,并且显示在屏幕上。要将输入缓冲区的数据拷贝到偏置寄存器中,请按下该键。这个键与软键中的"INPUT"键是等效的
7	取消键 CAN	按下这个键删除最后一个进入输入缓冲区的字符或符号。当键输入缓冲区后显示为"N001X100Z_",当按下该键时,Z 被取消并且显示为">N001X100_"
8	程序编辑键 ALTER INSERT DELETE	按下如下键进行程序编辑: ALTER 替换　INSERT 插入　DELETE 删除
9	功能键 POS PROG	按下这些键,切换不同功能的显示屏幕,详细请参考后面功能键的讲解
10	光标移动键 ← ↑ ↓ →	有 4 种不同的光标移动键。 →:用于将光标向右或者向前移动; ←:用于将光标向左或者往回移动; ↓:用于将光标向下移动; ↑:用于将光标向上移动
11	翻页键 ↑PAGE PAGE↓	有两个翻页键: ↑PAGE:用于将屏幕显示的页面向上翻页 PAGE↓:用于将屏幕显示的页面往下翻页

3. 功能键和软按键

1) 功能键用来选择将要显示的屏幕的种类。在 MDI 面板上的功能键如图 1.3 所示。

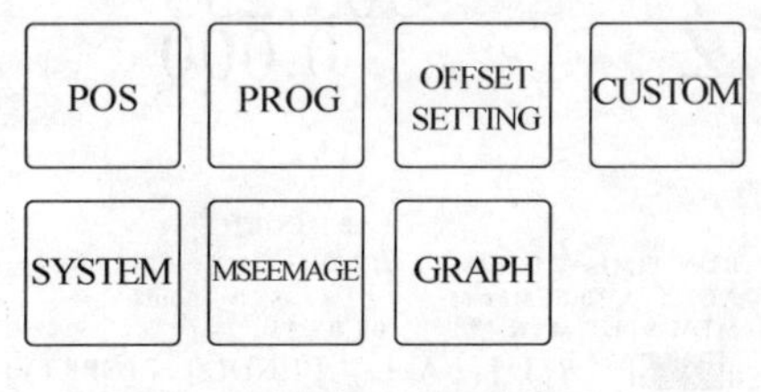

图 1.3　功能键

每个功能键的主要作用如表 1.3 所示。

表 1.3 各功能键的主要作用

编号	功 能 键	详 细 说 明
1	POS	按下该键以显示位置屏幕
2	PROG	按下该键以显示程序屏幕
3	OFFSET SETTING	按下该键以显示偏置/设置(SETTING)屏幕
4	SYSTEM	按下该键以显示系统屏幕
5	MESSAGE	按下该键以显示信息屏幕
6	GRAPH	按下该键以显示图形显示屏幕
7	CUSTOM	按下该键以显示用户宏屏幕(宏程序屏幕),如果是带有 PC 功能的 CNC 系统,这个键相当于个人计算机上的"Ctrl"键

2) 软按键:要显示一个更详细的屏幕内容,按下功能键后按软按键。下面是一些功能键和软按键的操作方法。

(1) 按下功能键 POS 的画面显示

按下这个功能键,可以显示刀具的当前位置。数控系统用以下 3 种画面来显示刀具的当前位置。

① 绝对坐标系位置显示画面(ABS),如图 1.4 所示。这个画面是显示刀具在工件坐标系中的当前位置。

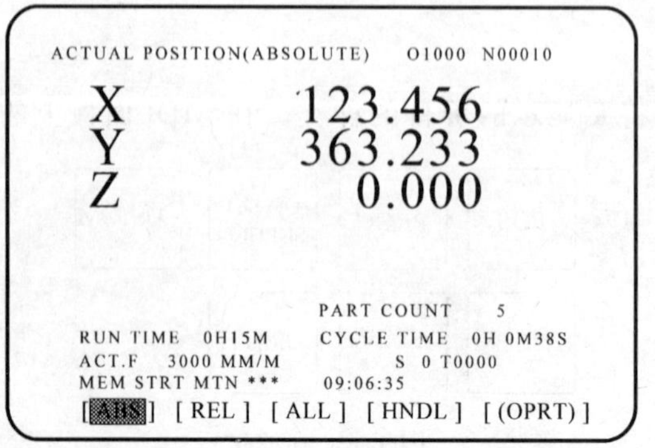

图 1.4 按下功能键 POS 键和 ABS 软键后的显示画面

② 相对坐标系位置显示画面(REL),如图 1.5 所示。这个画面是根据操作者设定的坐标系显示刀具在相对坐标系中的当前位置。在这个画面中,可以在相对坐标系中将刀具的当前位置设置为 0,或者按照以下步骤预设一个指定值。如果要将坐标设置为 0,按下软键[ORGIN](起源),相对坐标系中闪烁的轴的坐标值被复位为 0;如果要将坐标预设为某一值,将值输入后按下软键[PRESET],闪烁的轴的相对坐标被设置为输入的值。

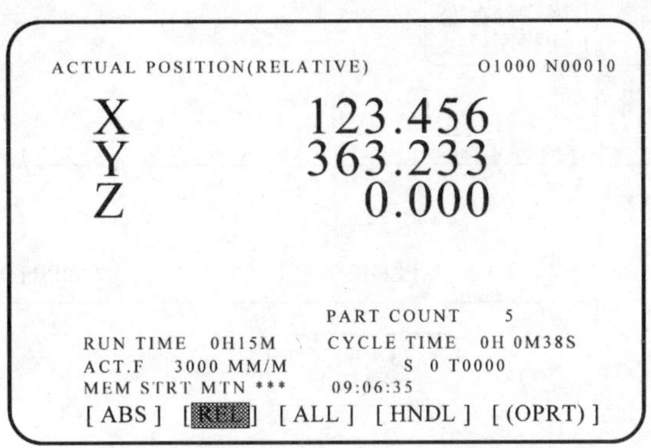

图 1.5　按下功能键 POS 键和 REL 软键后的显示画面

③ 综合位置显示画面(ALL),如图 1.6 所示。这个画面是按下功能键“POS”后,又按下了软键[ALL]后,CRT 屏幕显示的画面。包括工件坐标系的当前位置(绝对坐标系),相对坐标系的当前位置(相对坐标系),机床坐标系的当前位置(机床坐标系),剩余的移动量(剩余移动量)。

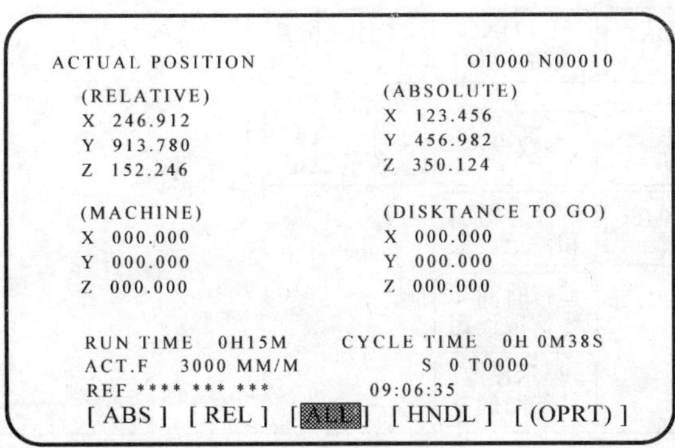

图 1.6　按下功能键 POS 键和 ALL 软键后的显示画面

(2) 按下功能键 PROG 的画面显示

在不同的操作面板模式下该功能键显示的画面是不相同的。如图 1.7 所示,在“EDIT”模式中按下该功能键的画面切换显示,同时显示了每一画面的子画面。

(3) 按下功能键 OFFSET SETTING 的画面显示

按下该功能键显示和设置补偿值和其他数据。如图 1.8 所示,为该功能键被按下时 CRT 画面的切换,同时显示了每一画面的子画面。

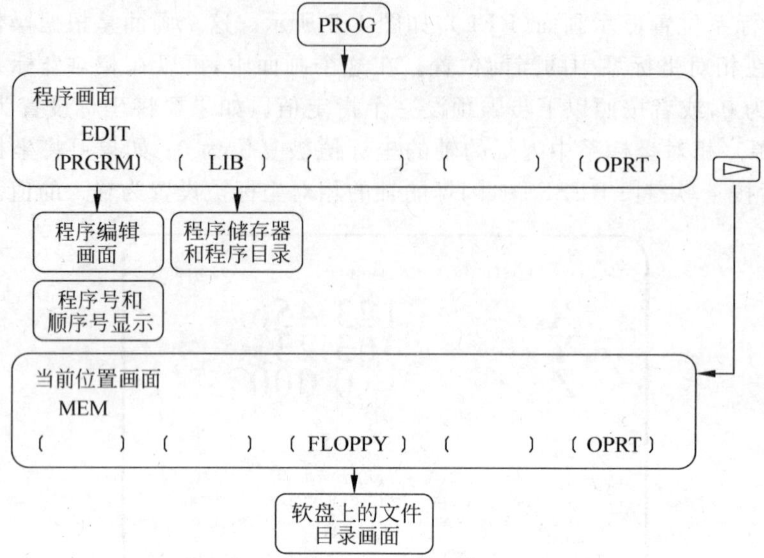

图 1.7 在“EDIT”方式中用功能键 PROG 切换的画面

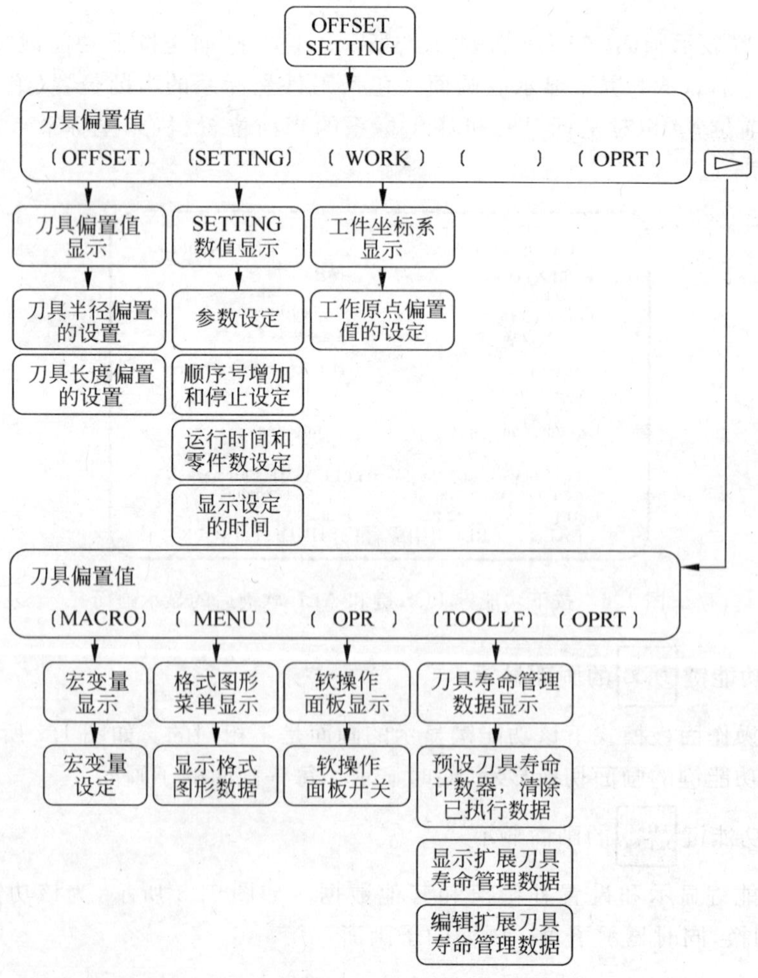

图 1.8 用功能键“OFFSET SETTING”切换的画面

下面讲解常用的补偿输入(OFFSET SETTING)画面。

① 设定和显示刀具偏置值。

按下了软按键[OFFSET]后,CRT 屏幕显示的画面如图 1.9 所示。这个画面是设定和显示刀具偏置值,刀具长度偏置值和刀具半径补偿值由程序中的 D 或者 H 代码指定。D 或者 H 代码的值可以显示在画面上并借助画面进行设定。

```
OFFSET                                          O1000 N00010
   NO.   GEOM(H)      WEAR(H)     GEOM(D)     WEAR(D)
   001      0.000       0.000       0.000       0.000
   002   -345.000       0.000       6.000       0.000
   003   -147.000       0.000       4.000       0.000
   004      0.000       0.000       0.000       0.000
   005      0.000       0.000       0.000       0.000
   006      0.000       0.000       0.000       0.000
   007      0.000       0.000       0.000       0.000
   008      0.000       0.000       0.000       0.000
ACTUAL POSITION(RELATIVE)
        X  0.000                Y  0.000
        Z  0.000
   >_                                     S  0 T0000
   MDI **** *** ***           16:06:35
   [ OFFSET ][ SETING ][ WORK ][        ][( OPRT) ]
```

图 1.9　按下功能键 OFFSET 键和 OFFSET 软键后的显示画面

② 显示和设定工件原点偏移值(用户坐标系)

按下了软键[WORK]后,CRT 屏幕显示的画面如图 1.10 所示。这个画面是设定和显示每一个工件坐标系的工件原点偏移值(G54～G59)和外部工件原点偏移值。

```
WORK COORDINATES                                O1000 N00010
(G54)
NO.    DATA                          NO.    DATA
00      X      0.000                 02      X     0.000
(EXT)   Y      0.000                 (G55)   Y     0.000
        Z      0.000                         Z     0.000

01      X    300.000                 03      X     0.000
(G54)   Y    -85.000                 (G56)   Y     0.000
        Z      0.000                         Z     0.000

>_                                          S  0 T0000
MDI  **** *** ***              09:06:35
[ OFFSET ][ SETING ][ WORK ][        ][ (OPRT) ]
```

图 1.10　按下功能键 OFFSET 键和 WORK 软键后的显示画面

注意:在图 1.10 所示的画面中,有一个特殊的[EXT]坐标系,该坐标系用来补偿编程的工件坐标系与实际工件坐标系的差值。该坐标系里的数值,会影响到后面的所有用户坐标系(G54～G59)。

(4) 按下功能键 GRAPH 的画面显示

FANUC 系统具有两种图形功能。一种是图形显示功能,另一种是动态图形显示功能。

图形显示功能能够在屏幕上画出正在执行程序的刀具轨迹。图形显示功能可以放大或缩小图形。

动态图形显示功能能够在屏幕上画出刀具轨迹和实体图形。刀具轨迹的绘制,可以实现自动缩放和立体图绘制。在加工轮廓的实体绘制中,加工过程的状态可以通过模拟显示出来,毛坯也可以描绘出来,如图 1.11 所示。

```
GRAPHIC PARAMETER                              O1000 N00010
  AXES      P=          4
         (XY=0, YZ=1, ZY=2, XZ=3, XYZ=4, ZXY=5
  RANGE       (MAX.)
  X=   115000       Y=   150000        Z=      0
  RANGE       (MIN.)
  X=          0     Y=          0      Z=      0
  SCALE             K=       70
  GRAPHIC CENTER
  X=   575000       Y=    75000        Z=      0
  PROGRAM STOP      N=        0
  AUTO ERASE        A=        1

MDI  **** *** ***            16:06:35
[PARAM] [GRAPH] [        ] [        ] [        ]
```

图 1.11 按下功能键 GRAPH 键和 PARAM 软键后的显示画面

1.2 机床操作面板的基本操作

机床操作面板是由机床厂家配合数控系统自主设计的。如图 1.12 所示的机床操作面板为台湾乔福立式加工中心所配的机床操作面板,该机床的型号为 VMC-850。

图 1.12 机床操作面板

对于配备 FANUC 系统的加工中心来说,机床控制面板的操作基本上大同小异,除了部分按钮的位置不相同外,其他的操作其实是一样的。

1. 机床操作面板上各按钮的说明,见表 1.4。

表 1.4 机床操作面板上各按钮的说明

按钮图片	按钮说明
	旋钮处于原点回归(REF)模式。 配合 X,Y,Z 轴的轴向移动按钮,完成原点回归操作

续表

按钮图片	按钮说明
	旋钮处于快速机动(RAPID)模式。 配合 X,Y,Z 轴的轴向移动按钮，完成机床的快速移动操作。 注意：快速机动模式下，不能进行切削，如果刀具与工件发生接触，则视为碰撞
	旋钮处于机动(JOG)模式。 配合 X,Y,Z 轴的轴向移动按钮，完成机床的机动操作
	旋钮处于手轮(HANDLE)模式。 配合手轮完成 X,Y,Z 轴的轴向移动
	旋钮处于手动数据输入(MDI)模式。 在此模式下，配合 MDI 键盘录入单步，少量并且不用保存的程序
	旋钮处于在线加工(REMOTE)或称 DNC 模式。 在此模式下，可一边传输程序，一边进行加工。解决机床的内存不能容纳 250K 以上的程序的问题
	旋钮处于自动(AUTO)模式
	旋钮处于编辑(EDIT)模式。 配合 MDI 键盘，完成程序的录入、编辑和删除等操作
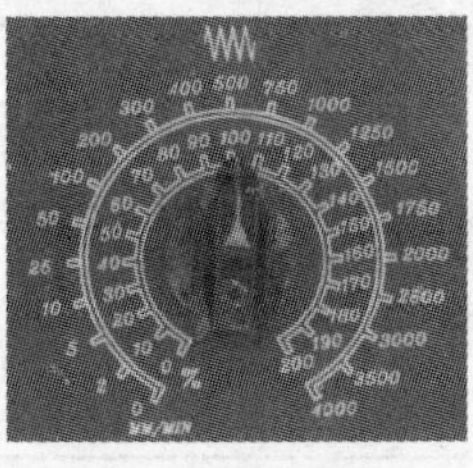	进给速率调节旋钮(FEEDRATE OVERRIDE)。 在机动(JOG)模式下或试运行模式下，使用外圈的数字，调节范围 0～4000mm/min 在自动(AUTO)或 MDI 模式下，使用内圈数字，调节范围为程序给定 F 值的 0～200％

续表

按钮图片	按钮说明
	快速进给速率调节旋钮(RAPID OVERRIDE)。 在快速机动模式下使用,其中 LOW 的速率为 500mm/min
	主轴转速调节旋钮。 调节范围 50%~150%
	主轴旋转按钮,从左到右,依次为主轴正转、主轴停止和主轴反转。注意:只能在快速机动,机动,手轮和原点回归这 4 个模式下使用
	刀号显示(TOOL DISPLAY)。 • 当选择开关切换到刀库一侧(图中靠左),数字显示为目前待命的刀库号码; • 当选择开关切换到主轴一侧(图中靠右),数字显示为目前主轴上的刀具号码
	紧急停止开关(EMEERGENCY STOP)。 当有紧急情况时(如机床撞刀),按下紧急停止按钮,可使机械动作全部停止,确保操作人员和机床的安全。 处于紧急停止状态时:主轴停止,轴向移动停止,液压装置停止,刀库停止,切削液停止,铁屑机停止,防护门互锁
	切削液开启控制开关。 图中左边为,程序自动控制方式,按下该键,如程序正在执行 M08 指令,则切削液打开,如正在执行 M09 指令,则关闭。 图中右边为手动控制方式,按下该键,切削液打开,再按关闭
	主轴喷雾吹气开关。 按一次,吹气打开,按键灯亮;再按一次,吹气关闭,按键灯熄灭。吹气功能,在程序方式下由 M07 指令打开,M09 指令关闭

续表

按钮图片	按钮说明
	各轴移动方向。 在快速机动模式或机动模式使用，按下按钮，即按进给方向移动，放开按钮则停止。同时按下“＋”“－”方向，轴向不动
	程序启动按钮(CYCLE START)。 按下该按钮，程序将自动执行
	程序暂停按钮(CYCLE STOP)。 按下该按钮，按键灯亮，程序执行暂停。如果要继续执行程序，则按下程序启动键，如果不继续执行程序，需要按下“RESET”按键
单节	单步运行模式。 按下该键，按键灯亮，程序执行一个程序段后，将暂停，等待用户按“程序启动按钮”之后，执行一个程序段。 该功能一般在调试程序时使用
试运转	试运行模式。 按下该键，按键灯亮，程序执行时，将忽略程序中设定的 F 值，而按进给速率调节旋钮指示的外圈的数字进给
单节忽略	单节忽略模式。 按下该键，按键灯亮，程序执行时，将忽略以“/”开头的程序段
选择性停止	选择停止(OPTION STOP)。 按下该键，按键灯亮，程序执行至 M01 指令时，程序将暂停，等待用户按“程序启动按钮”之后，继续执行。再按该键，则取消选择停止模式，程序执行至 M01 时，不会暂停，而是直接执行下一程序段
M.S.T. M.S.T 锁定	辅助功能锁定键(M. S. T. LOCK)。 按下该键，按键灯亮，程序中的 M 代码、S 代码和 T 代码将被忽略无效，该功能常与机械锁定键联用，以检查程序是否正确。 注：该键对 M00，M01，M02，M30，M98，M99 无效

续表

按钮图片	按钮说明
 机械锁定	机械锁定键。 按下该键,按键灯亮,机械运动被锁定。再按该键,取消机械锁定
 Z轴锁定	Z 轴运动锁定键。 按下该键,按键灯亮,Z 轴运动被锁定。再按该键,取消 Z 轴锁定
 系统启动	NC 系统启动键。 当机床启动时,如果机床控制系统正常,按下此键,启动控制系统,并使 CNC 系统就位,CRT 屏幕显示“READY”
 X Y Z A	原点指示灯。 X 轴回原点时,X 轴指示灯(图中左端)产生闪烁,到原点位置时,灯亮不闪烁。其他轴向的指示灯,与 X 轴指示灯一样
 X Y	镜像功能指示灯。 X 轴指示灯亮(图中左端),表示正在使用 X 轴的镜像功能; Y 轴指示灯亮(图中右端),表示正在使用 Y 轴的镜像功能
 ATC.Z1	换刀位置指示灯。 当 Z 轴处于换刀点时,该灯点亮; 使用 G30 指令,可让 Z 轴回到该点
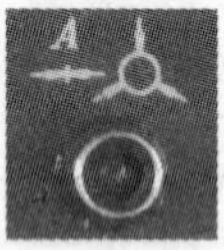 A	第四轴锁定指示灯。 当第四轴(例如 A 轴)处于夹紧状态时,指示灯亮,此时第四轴无法旋转
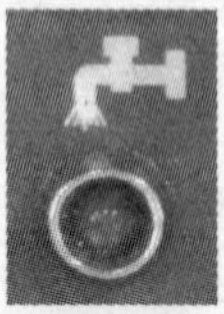	切削液开启指示灯。 当切削液启动时,该指示灯亮
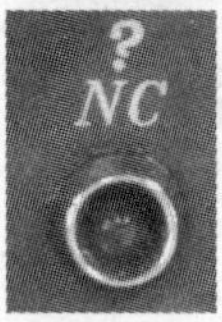 ? NC	程序报警指示灯。 当 NC 产生 ALARM 报警时,该红灯产生闪烁

续表

按钮图片	按钮说明
? MC	机械装置报警指示灯。 当机械装置产生 ALARM 报警时，该红灯产生闪烁
	润滑油缺油指示灯。 当导轨润滑油缺油时，该红灯产生闪烁，此时请将导轨专用润滑油加入到润滑油箱中
OFF X Y Z 4　×1 ×10 ×100	轴向控制手轮(MANUAL PULSE GENERATOR)。 手轮进给操作只能在“手轮模式(HANDLE)”或手轮插入模式有效(MANUAL HANDLE INTERRUPTION)模式下使用。此时手轮上的指示灯会亮。 使用时，必须仔细调节各轴向旋转的方向、比例和移动量 OFF X Y Z 4　×1 ×10 ×100 轴向　速度比率

2. 加工中心的基本操作

1）机床开机操作

操作顺序	按钮图片
(1) 打开压缩空气开关	
(2) 将电气箱侧面的电源开关旋至“ON”，打开机床主电源。 完成该动作后，可以听到电器箱中散热风扇转动的声音	
(3) 按下数控系统面板上的电源开关(POWER ON)启动 CNC 的电源和 CRT 屏幕。该操作需要等待十几秒，完成 CNC 系统的装载	电源开

续表

操作顺序	按钮图片
(4) 将紧急开关“EMERGENCY STOP”打开	
(5) 按下 NC 系统启动键,使 CNC 系统就位,CRT 屏幕显示“READY”	
(6) 将模式选择旋钮旋至原点回归模式,再按下程序启动按钮,执行自动回归原点操作	

2) 机床关机操作

操作顺序
(1) 将主轴停止转动,工作台移动到安全的位置
(2) 按下紧急开关,停止油压系统及所有驱动元件
(3) 按下数控系统面板上的“电源关”按键,关闭 CNC 系统和 CRT 屏幕的电源
(4) 将电气箱侧面的电源开关旋至“OFF”,关闭机床主电源,关闭压缩空气开关

3) 手动原点回归操作(RETUTRN TO REFERENCE POSITION)

操作顺序	按钮图片
(1) 将模式选择旋钮旋至“原点回归”(ZRN)	
(2) 按下“+Z”或“−Z”均可自动回到 Z 轴机械原点;再按下“+X”或“−X”自动回到 X 轴机械原点;按下“+Y”或“−Y”自动回到 Y 轴机械原点。 注:如果工作台距离原点太近(小于 100mm),原点回归无法完成,则需要将工作台反方向移动一段距离,然后再进行操作。在执行原点回归过程中,原点指示灯会持续闪烁。原点回归完成后,则指示灯会亮着不再闪烁	

4）手动资料输入的操作(MDI)

操 作 顺 序	按 钮 图 片
(1) 将模式选择旋钮旋至“手动资料输入”(MDI)	
(2) 按下“PROG”功能键，切换到程序录入界面	PROG
(3) 使用“MDI”操作键，将程序录入	—
(4) 按下程序启动键，开始执行“MDI”程序	
(5) 程序执行完成后，自动清除“MDI”中的程序	—

5）自动执行程序(AUTOMATIC)

操 作 顺 序	按 钮 图 片
(1) 将模式选择旋钮旋至“自动模式”(AUTO)	
(2) 按下“PROG”功能键，切换到程序界面，选择想要执行的程序号码及程序位置	—
(3) 按下程序启动键，程序将自动执行，程序启动的指示灯将亮起	—

1.3　加工中心常用辅具

1.3.1　刀具系统

加工中心所用的切削工具由两部分组成，即刀具和供自动换刀装置夹持的通用刀柄及拉钉，如图 1.13 所示。

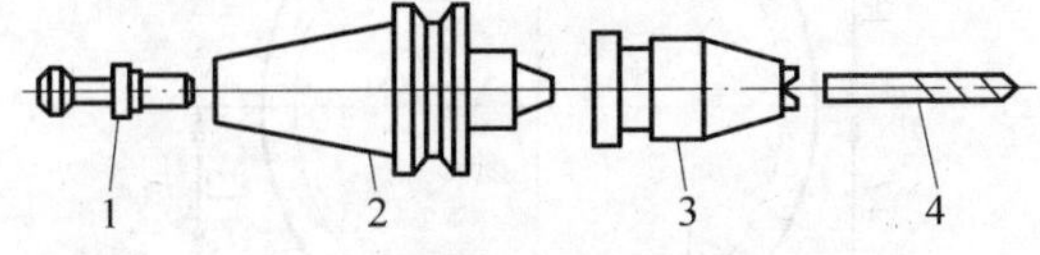

图 1.13　刀具的组成

1—拉钉；2—刀柄；3—联接器；4—刀具

在加工中心上所使用的刀柄，一般采用 7：24 锥柄，这是因为这种锥柄不自锁，换刀比较方便，并且与直柄相比有高的定心精度和刚性，刀柄和拉钉已经标准化，各部分尺寸图 1.14 和表 1.5 所示。

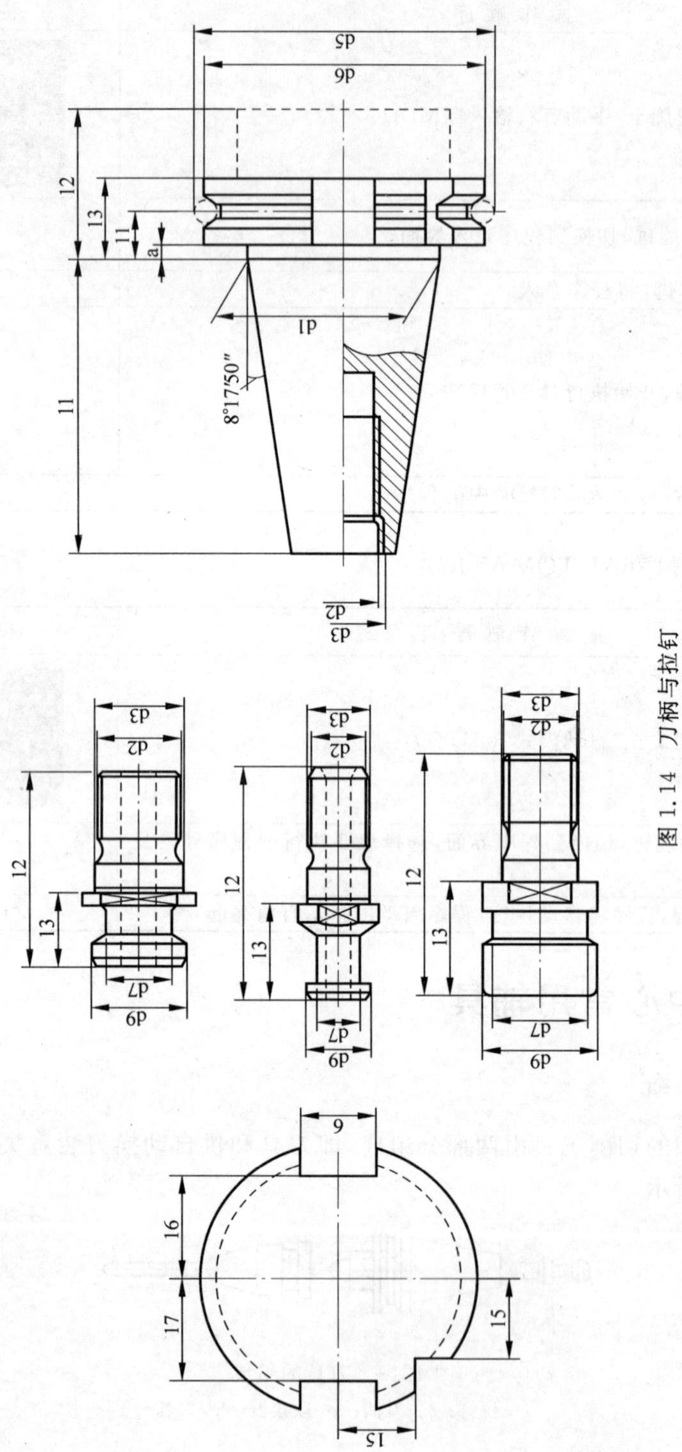

图 1.14 刀柄与拉钉

表 1.5　刀柄尺寸

型号	a	b	d1	d2	d3	d5	d6	d8	f1	f2	f3	l1	l5	l6	l7
30	3.2	16.1	31.75	M12	13	59.3	50	45	11.1	35	19.1	47.8	15	16.4	19
40	3.2	16.1	44.45	M16	17	72.30	63.55	50	11.1	35	19.1	68.4	18.5	22.8	25
50	3.2	25.7	69.85	M24	25	107.35	97.50	80	11.1	35	19.1	101.75	30	35.5	37.7

在加工中心上使刀具种类很多，造成与锥柄相连的装夹刀具的工具多种多样，把通用性较强的装夹工具标准化、系列化就成为工具系统。

镗铣工具系统可分为整体式与模块式两类。整体式工具系统(如图 1.15(a)所示)针对不同刀具都要求配有一个刀柄，这样工具系统规格、品种繁多，给生产、管理带来不便，成本上升。为了克服上述缺点，国内外相继开发出多种多样的模块式工具系统，如图 1.15(b)所示。

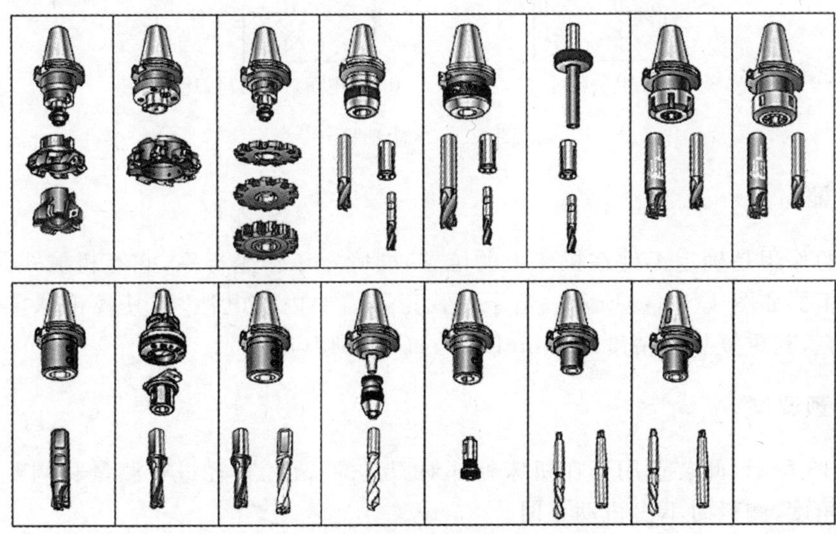

(a) 整体式镗铣工具

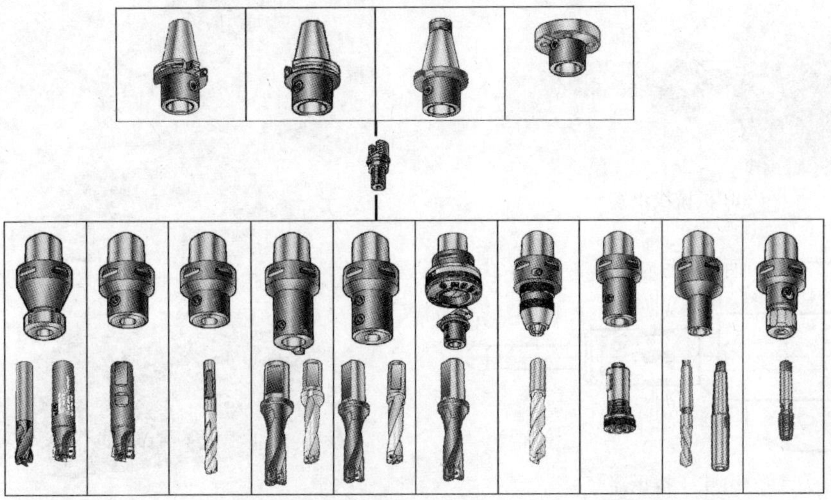

(b) 模块式镗铣工具

图 1.15　镗铣工具系统

1.3.2 常用工具

1. 对刀工具

对刀器的功能是测定刀具与工件的相对位置。其形式多样，如：对刀量块(如图 1.16(a)所示)，电子式对刀器(如图 1.16(b)所示)。对刀块的材料有淬火钢、人造大理石及陶瓷。

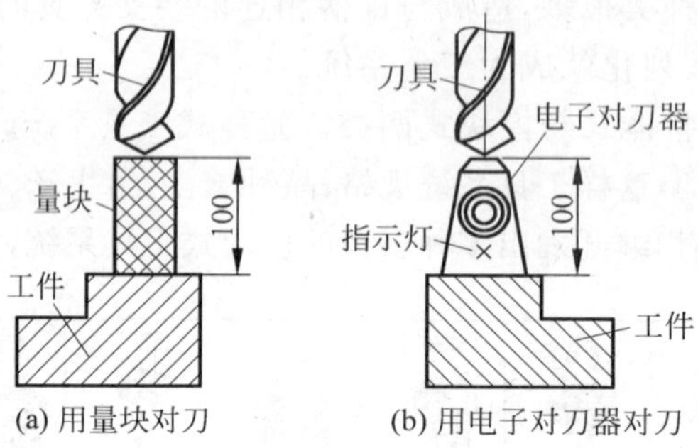

(a) 用量块对刀　(b) 用电子对刀器对刀

图 1.16　对刀器

2. 找正器

找正器的作用是确定工件在机床上的位置，即确定工作坐标系，它有机械式及电子式两种。机械找正器如图 1.17(a)所示。电子式找正器需要内置电池，当其找正球接触工件时，发光二极管亮，其重复找正精度在 2μm 以内，如图 1.17(b)所示。

3. 刀具预调仪

如图 1.18 所示，此装置用于在机床外部对刀具的长度、直径进行测量和调整，还能测出刀具的几何角度，测量时不占机动工时。

(a) 机械找正器

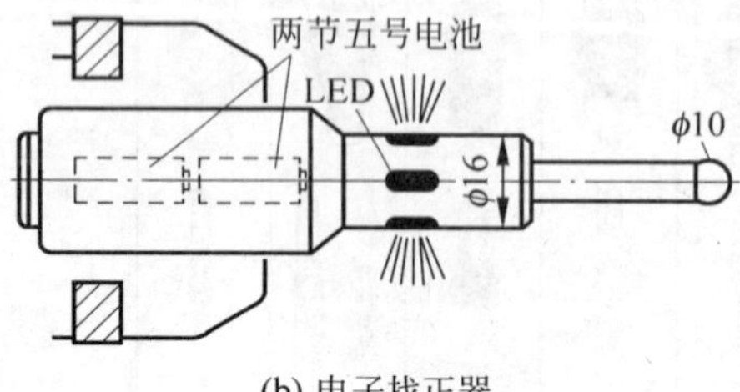

(b) 电子找正器

图 1.17　找正器

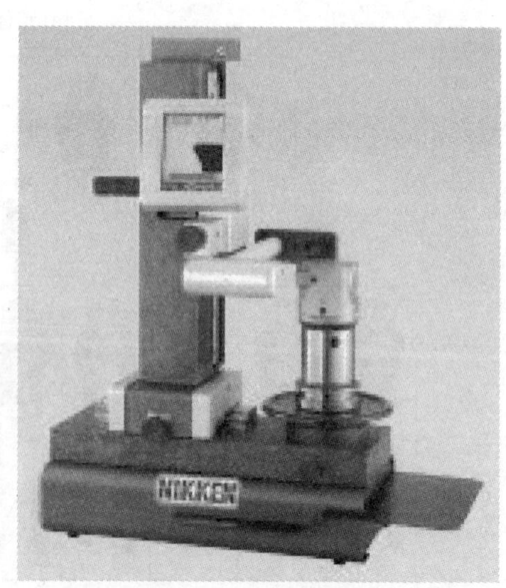

图 1.18　刀具预调仪

1.4 加工中心常用M代码(表1.6)

表1.6 常用M代码

M代码	功 能	M代码	功 能
M00	程式停止	M24	卷屑机启动
M01	程式选择停止	M25	卷屑机停止
M02	程式结束	M26	分度盘旋转轴
M03	主轴正转	M29	刚性攻螺纹功能开
M04	主轴反转	M30	程式结束并重置
M05	主轴停止	M37	冲屑开
M06	自动换刀	M38	冲屑关
M07	喷雾启动(喷压缩空气)	M80	寻找主轴刀杯
M08	切削液开	M81	刀库前进/刀臂前进
M09	切削液关	M82	刀库后退
M13	主轴正转及切削液开	M83	刀库下/刀杯下
M14	主轴反转及切削液开	M84	刀库上/刀杯上
M15	主轴停止及切削液关	M85	刚性攻螺纹功能关
M19	主轴定位	M86	主轴刀号设定/刀库重整

1.5 机床操作训练

1. 教师演示

(1) 机床的开机、关机操作。
(2) 机床原点回归操作。
(3) 刀具的准备、安装。
(4) 工作坐标系设定方法。
(5) 加工程序输入方法。

2. 学生操作训练

训练过程中,指导教师巡回指导,及时纠正不正确的操作姿势、解决学生练习中出现的各种问题。

1.6 课题小结

1. 教学策略:小组汇报、教师总结

通过小组汇报的方式,教师可以以小组为单位了解各组的工件完成情况及存在的问题,并有针对性地提出下一步的教学方案,对操作较好的学生提出提高方案,对技能情况掌握不理想的学生提出改进意见。

教师以本课题中提出的学习目标总结学生实际掌握的情况及存在的问题，为下一阶段的学习打下基础。

2. 考核方式：随堂考核

随堂在学生实际操作中的不同阶段予以考核，如学生的操作规范、程序输入、刀具安装和加工参数设置等环节。

1.7 综合评价

1. 小组评价(表 1.7)

表 1.7 小组互评表

序号	小组评价项目	评价情况
1	学习态度是否积极主动	
2	是否服从教师的教学安排和管理	
3	着装是否符合标准	
4	是否按照安全规范操作	
5	能否辨别工作环境中哪些是危险的因素	
6	是否遵守学习场所的规章制度	
7	团队学习中主动与合作的情况如何	

参与评价同学签名：

年　月　日

2. 教师评价

教师总体评价：

教师签字：________

年　月　日

模块 2

简单零件加工

学习目的

(1) 能够看懂零件图纸；
(2) 学习数控机床的操作方法；
(3) 能正确使用常用量具检测零件尺寸精度；
(4) 掌握简单零件的加工方法；
(5) 养成良好的职业习惯。

学习要求

(1) 掌握刀具转速及切削速度的计算方法；
(2) 掌握加工程序编制方法；
(3) 能够操作数控机床完成简单零件的加工。

学习重点

(1) 学习刀具转速及切削速度的计算方法；
(2) 学习数控加工程序的编制。

学习难点

学习数控加工程序的编制。

教学策略

课堂讲授＋现场练习，演练法、互动法。

对简单零件进行图纸分析，首先采用互动的方法使同学们展开讨论确定加工刀具，随后教师通过课堂点评和讲授的方式提出刀具转速及切削速度的计算公式，确定切削用量，对轮廓铣削和钻孔加工程序进行课堂讲授,重点要求加工程序的格式。

教师课前准备

1. 教学用具

授课计划、纸质及电子教案、课件、黑板、粉笔、多媒体设备、实物样件等。

2. 教学管理物品

实训过程记录表、实训成绩评价标准、实训报告评分标准、实训室使用记录表、仪器设备维护保养卡等。

3. 检查实训设备

开机前检查机床外观各部位是否存在异常,如防护罩、脚踏板等部位;检查机床润滑油液是否充足;检查机床面板各旋钮是否完好。

4. 训练用具(表 2.1)

表 2.1 训练用具清单

序号	类别	名　称	规　格	数量	备注
1	材料	LY12	50mm×50mm×35mm	1 块	
2	刀具	高速钢立铣刀	ϕ12mm	1 支	
		麻花钻	ϕ6mm	1 支	
		中心钻	A3	1 支	
3	夹具	精密平口虎钳	0～300mm	1 套	
4	工具	铣夹头		1 个	
		钻夹头		1 个	
		弹簧夹套	ϕ12mm	1 个	与刀具配套
		平行垫铁		1 副	
		油石		1 支	

学生课前准备

(1) 理论知识点准备:了解数控编程常用指令的含义,了解各固定循环指令的含义及编写格式。

(2) 教材及学习用具准备:本教材、学习笔记、笔等。

(3) 衣着准备:穿戴好工作服、工作帽、工作鞋。

(1) 由检查、提问理论知识导入：通过对编程基本知识提问，了解学生对编程基础知识掌握情况。

(2) 由生动的实例导入：通过事物，引入简单零件加工模块。

本模块学习过程如图 2.1 所示。

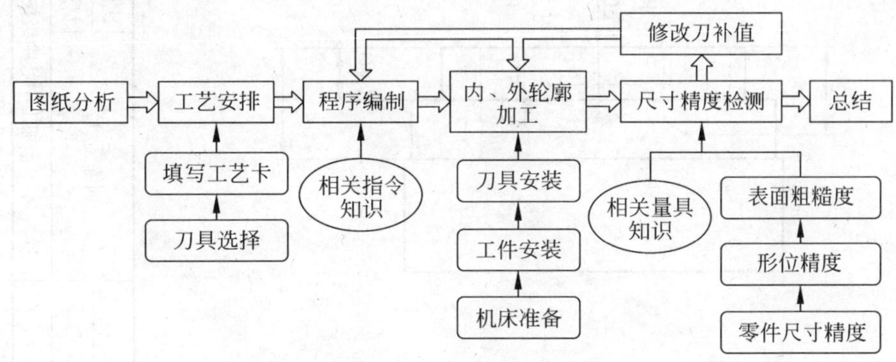

图 2.1 学习过程示意图

2.1 零件图纸与评分标准

零件图纸与评分标准见图 2.2 及表 2.2。

表 2.2 零件检测项目及评分表(配分 100 分) 得分________

序号	考核项目	考核内容及精度要求	配分	评 分 标 准	实测结果	得分
1	轮廓尺寸	$48_{-0.05}^{0}$	15	超差不得分		
2		40±0.05	15	超差不得分		
3		$20_{0}^{+0.1}$	18	超差不得分		
4		5±0.1	12	超差不得分		
5		$7_{0}^{+0.1}$	10	超差不得分		
6		4×ϕ6	10	超差不得分		
7	其他	表面粗糙度 3.2	5	超差面扣分		
8		棱边倒钝	2	超差全扣		
9		图形完整	5	不完整全扣		
10		文明生产	8	违规操作全扣		
11		工时		每超 15min 扣 5 分		

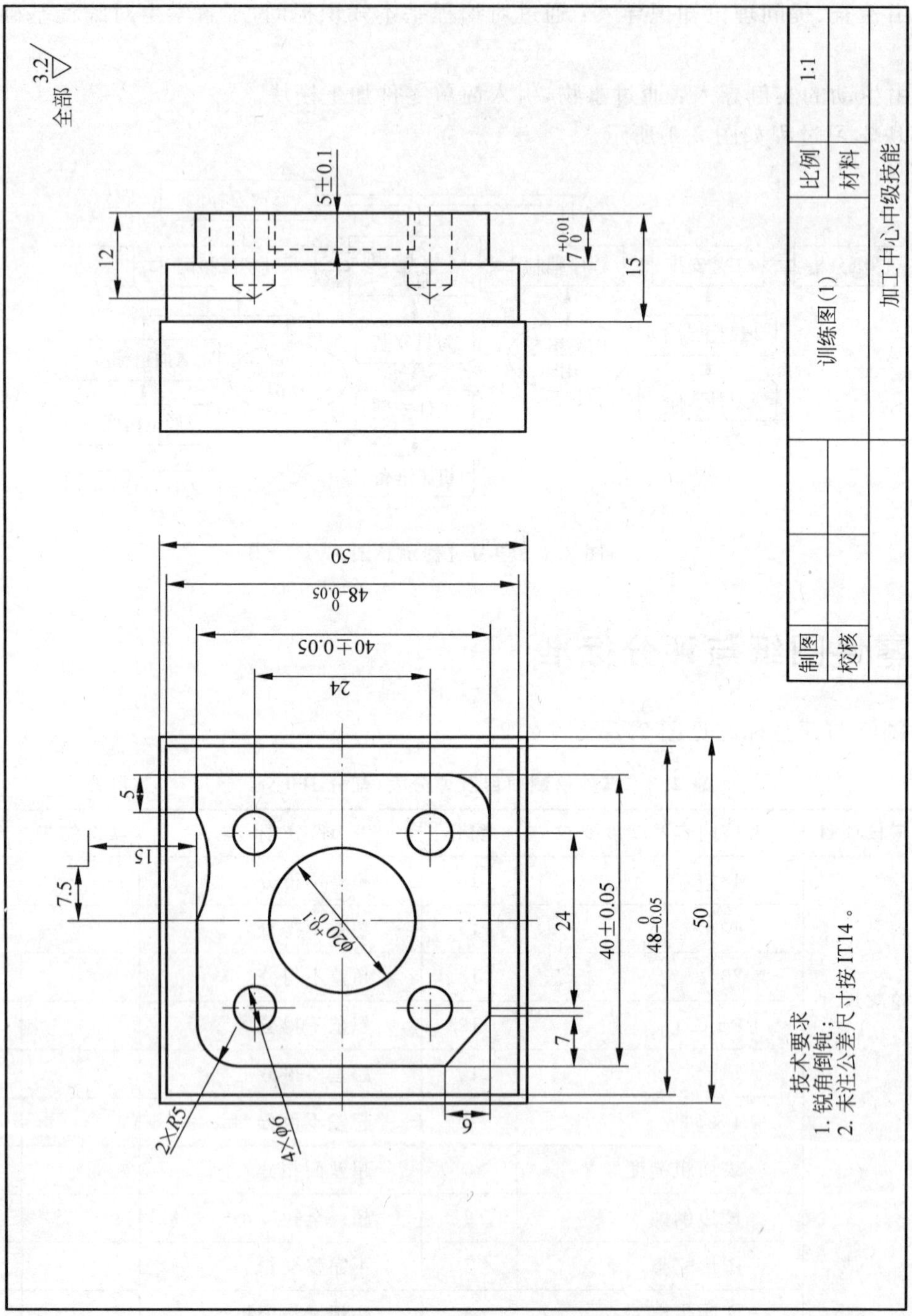

全部 3.2

7.5 15 5 2×R5 4×φ6 $\phi 20^{+0.1}_{0}$ 24 40±0.05 $48^{0}_{-0.05}$ 50 6 7 24 40±0.05 $48^{0}_{-0.05}$ 50

12 5±0.1 $7^{+0.01}_{0}$ 15

技术要求
1. 锐角倒钝；
2. 未注公差尺寸按 IT14 。

制图			训练图(1)	比例	1:1
校核				材料	
			加工中心中级技能		

图 2.2　零件图

2.2 图纸分析

教学策略：课堂讨论、教师总结。

学生对图纸的各个尺寸进行分析，得出自己认为合理的工艺方案。教师针对多种不同的图纸分析方案进行总结性分析，提出较为合理的分析结果。

2.2.1 学生自主分析

零件图纸分析

____

____

____

2.2.2 参考分析

通过识图，该零件由(40±0.05)mm×(40±0.05)mm 为主要尺寸，高 $7^{+0.1}_{0}$mm 凸台；$48^{0}_{-0.05}$mm×$48^{0}_{-0.05}$mm 深 15mm 的方；中心 $\phi20^{+0.1}_{0}$mm 深(5±0.1)mm 的孔；4 个 ϕ6mm，深 12mm 的孔构成。

零件形状较简单，最高公差要求是 0.05mm。

2.3 工艺规程设计

教学策略：分组讨论、小组汇报、教师总结。

以分组讨论的形式对零件提出整体的加工方案，包括刀具的选择，切削参数的确定，加工工艺的确定，小组得出统一方案后集中汇报。教师针对多种不同的加工方案进行分析，并提出较为合理的工艺路线。

2.3.1 学生自主设计

1. 刀具选择(表 2.3)

表 2.3 刀具卡片

刀具名称	刀具规格	材料	数量	刀具用途	备注

2. 切削参数选择(表 2.4)

表 2.4 切削参数卡片

刀具	切削速度 v/(m/min)	每刃进给量 f/(mm/刃)	主轴转速 S/(r/min)	进给速度 F/(mm/min)	备注

3. 工艺规程安排(表 2.5)

表 2.5 工序卡片

<table>
<tr><td colspan="3">单位</td><td colspan="3">产品名称及型号</td><td colspan="2">零件名称</td><td>零件图号</td></tr>
<tr><td colspan="3"></td><td colspan="3"></td><td colspan="2"></td><td></td></tr>
<tr><td>工序号</td><td colspan="2">程序编号</td><td colspan="3">夹具名称</td><td colspan="2">使用设备</td><td>工件材料</td></tr>
<tr><td></td><td colspan="2"></td><td colspan="3"></td><td colspan="2"></td><td></td></tr>
<tr><td>工步</td><td>工步内容</td><td colspan="2">刀号</td><td>切削用量</td><td colspan="2">备注</td><td colspan="2">工序简图</td></tr>
<tr><td></td><td></td><td colspan="2"></td><td></td><td colspan="2"></td><td colspan="2"></td></tr>
<tr><td></td><td></td><td colspan="2"></td><td></td><td colspan="2"></td><td colspan="2"></td></tr>
<tr><td></td><td></td><td colspan="2"></td><td></td><td colspan="2"></td><td colspan="2"></td></tr>
</table>

2.3.2 参考分析

1. 刀具选择

刀具材料的选择及合理应用是十分重要的,目前切削加工中常用的刀具材料主要有高速钢和硬质合金等材料。本例工件材料为硬铝,刀具选择刃口锋利、直线度好、精度高的高速钢整体立铣刀。

根据图纸,考虑零件的结构,选用切削加工刀具,见表 2.6。

表 2.6 刀具卡片

刀具名称	刀具规格	材料	数量	刀 具 用 途	备注
立铣刀	ϕ12mm	高速钢	1	平面加工,轮廓粗、精加工	
中心钻	ϕ3mm	高速钢	1	钻中心孔	
麻花钻	ϕ6mm	高速钢	1	钻孔	

2. 切削参数选择

根据加工对象的材质,刀具的材质和规格,从金属切削参数书籍中查找刀具切削速度、每齿进给量,确定选用刀具的转速、进给速度,参考切削参数见表 2.7。

表 2.7 切削参数卡片

刀具	切削速度 v/(m/min)	每刃进量 f/(mm/刃)	主轴转速 S/(r/min)	进给速度 F/(mm/min)	备注
ϕ12mm 立铣刀	50	0.04	1300	200	粗加工
	80	0.03	2100	240	精加工
ϕ3mm 中心钻	30	0.03	3200	200	
ϕ6mm 钻头	25	0.05	1400	140	

3. 切削深度 a_p

切削深度在粗加工时主要受机床和刀具刚度的限制，一般情况下，径向切削量较大时切削深度取(0.6～0.8)$D_{刀}$，否则切削深度可较大一些。

该零件轮廓加工量不大，每个轮廓加工深度按图纸标注尺寸加工即可，不需分层加工。

4. 工艺规程安排

零件各个轮廓加工工艺安排如表 2.8 所示。

表 2.8 零件工序卡片

单位		产品名称及型号		零件名称	零件图号
				简单零件	
工序	程序编号	夹具名称		使用设备	工件材料
1	O0001	精密平口钳		VMC850	LY12
工步	工步内容	刀号	刀具及切削用量	备注	工序简图
1	铣上表面	T01	ϕ12mm 立铣刀 S=2100r/min F=240mm/min a_p=0.3mm	按精加工方式铣削	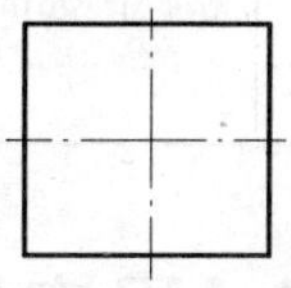
2	加工原点设定在工件上表面中心	T01		采用试切法	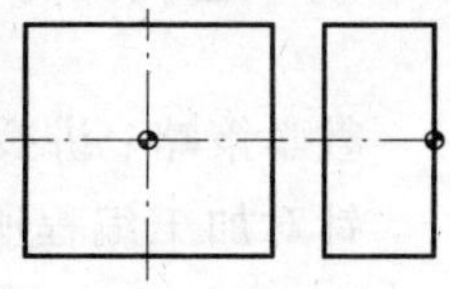
3	粗加工(40±0.05)mm×(40±0.05)mm 为主要尺寸，高 $7^{+0.1}_{0}$mm 凸台，留余量 0.2mm	T01	ϕ12mm 立铣刀 S=1300r/min F=200mm/min a_p=6.8mm		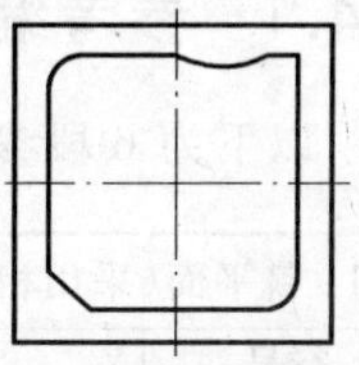
4	粗加工 $48^{0}_{-0.05}$mm×$48^{0}_{-0.05}$mm 深 15mm 的方，留余量 0.2mm	T01	ϕ12mm 立铣刀 S=1300r/min F=200mm/min a_p=14.8mm		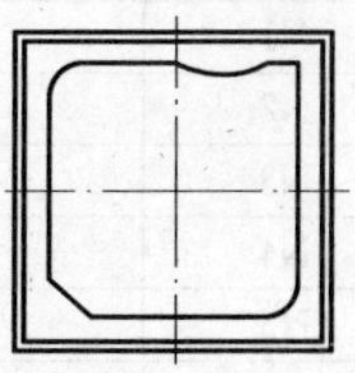

续表

工步	工步内容	刀号	刀具及切削用量	备注	工序简图
5	粗加工 $\phi20^{+0.1}_{0}$mm 深(5±0.1)mm 的孔，留余量 0.2mm	T01	ϕ12mm 立铣刀 S=1300r/min F=200mm/min a_p=4.8mm		
6	精加工(40±0.05)mm×(40±0.05)mm 为主要尺寸，高 $7^{+0.1}_{0}$ mm 凸台至尺寸	T01	ϕ12mm 立铣刀 S=2100r/min F=240mm/min a_p=7mm		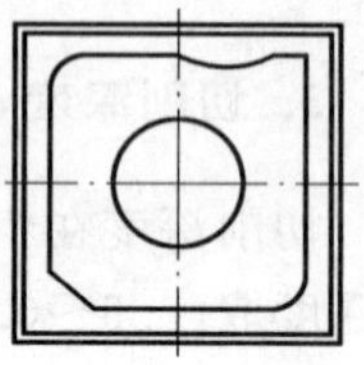
7	精加工 $48_{-0.05}^{0}$ mm×$48_{-0.05}^{0}$mm 深 15mm 的方，至尺寸	T01	ϕ12mm 立铣刀 S=2100r/min F=240mm/min a_p=15mm		
8	精加工 $\phi20^{+0.1}_{0}$mm 深(5±0.1)mm 的孔，至尺寸	T01	ϕ12mm 立铣刀 S=2100r/min F=240mm/min a_p=5mm		
9	钻 4 个 ϕ6mm 孔的定位中心孔	T02	ϕ3mm 中心钻 S=3200r/min F=200mm/min a_p=3mm		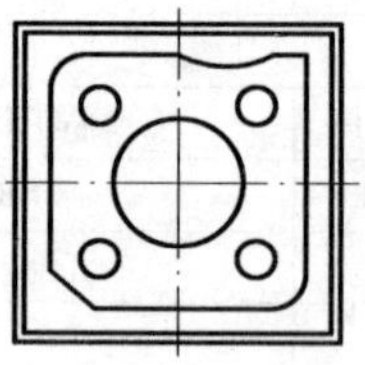
10	钻 4 个 ϕ6mm，深 12mm 孔	T03	ϕ5.8mm 钻头 S=1400r/min F=140mm/min a_p=2mm		

2.4 程序编制

教学策略：讲授法、提问法、反馈强化。

针对加工编程所选择的加工方式、切削参数的设置逐一讲解。

2.4.1 参考编程

以下为 6 段参考程序。

O1；铣平面(采用相对坐标编程)

行号	主程序 O1	解　　释
N1	S2100M03	给定主轴转速
N2	G91G01X−70F240	给定 X 的增量坐标以及进给速度
N3	Y10	给定 Y 的增量坐标
N4	X70	
N5	Y10	
N6	M99	结束循环

O2；铣外轮廓((40±0.05)mm×(40±0.05)mm为主要尺寸，高$7^{+0.1}_{0}$mm凸台)

行号	主程序 O2	解释
N1	G90 G54 G00 X35 Y35 S1300 M3	定位起始点
N2	G43 H1 Z100	调用1号刀长补，定位起始高度
N3	Z5 M8	快速移动到安全高度
N4	G01 Z−7 F200	慢速移动到切削深度
N5	G41 D1 X20	执行刀具半径补偿指令(G41左刀补)
N6	Y−20,R5	
N7	X−13	
N8	X−20 Y−14	
N9	Y20,R5	
N10	X0	
N11	G03 X15 Y20 I7.5 J15	
N12	G01 X21	
N13	G40 Y35	取消刀具半径补偿指令
N14	G00 Z100	快速移动，将刀提到起始高度
N15	M30	程序结束

O3；铣外轮廓($48^{0}_{-0.05}$mm×$48^{0}_{-0.05}$mm，深15mm的方)

N1	G90 G54 G00 X35 Y35 S1300 M3	定位起始点
N2	G43 H1 Z100	调用1号刀长补，定位起始高度
N3	Z5	快速移动到安全高度
N4	G01 Z−15 F200	慢速移动到切削深度
N5	G41 D1 X24	执行刀具半径补偿指令(G41左刀补)
N6	Y−24	
N7	X−24	
N8	Y24	
N9	X25	
N10	G40 Y35	取消刀具半径补偿指令
N11	G00 Z100	快速移动，将刀提到起始高度
N12	M30	程序结束

O4；铣$\phi 20^{+0.1}_{0}$mm，深(5±0.1)mm孔

N1	G90 G54 G00 X0 Y0 S1300 M03	定位起始点
N2	G43 H1 Z100	调用1号刀长补，定位起始高度
N3	Z5	快速移动到安全高度
N4	G01 Z−5 F50	慢速移动到切削深度
N5	G41 D1 X10 F150	执行刀具半径补偿指令(G41左刀补)
N6	G03 I−10	
N7	G40 G01 X0	取消刀具半径补偿指令
N8	G00 Z100	快速移动，将刀提到起始高度
N9	M30	程序结束

O5；钻中心孔		
N1	G90 G54 G00 X12 Y12 S3200 M03	定位起始点
N2	G43 H2 Z100	调用2号刀长补，定位起始高度
N3	G98 G81 R2 Z−3 F200	用81指令钻孔
N4	Y−12	
N5	X−12	
N6	Y12	
N7	G80	取消钻孔指令
N8	M30	程序结束

O6；钻4个 ϕ5.8mm，深12mm孔		
N1	G90 G54 G00 X12 Y12 S1400 M03	定位起始点
N2	G43 H2 Z100	调用2号刀长补，定位起始高度
N3	G98 G83 R2 Q2 Z−12 F140	用83指令钻孔
N4	Y−12	
N5	X−12	
N6	Y12	
N7	G80	取消钻孔指令
N8	M30	程序结束
注：加工时应遵循“先面后孔”的原则，所以应先铣平面后钻孔。		

2.4.2 学生自主编程

学生独立完成程序编制，选择相应的刀具并设置切削参数，经过程序校验，确定正确后，填写表2.9加工程序清单。

表2.9 加工程序清单

序号	程序号	刀具	刀具号	刀具长度补偿号	备注

2.5 加工前准备

1. 机床准备(表2.10)

表2.10 机床准备卡片

	机械部分				电器部分		数控系统部分			辅助部分	
设备检查	主轴部分	进给部分	刀库部分	润滑部分	主电源	冷却风扇	电器元件	控制部分	驱动部分	冷却	润滑
检查情况											

注：经检查后该部分完好，在相应项目下打“√”；若出现问题及时报修。

2. 工件安装

(1) 精密平口虎钳安装牢固,位置方向用百分表校验正确。

(2) 工件夹紧力适当,安装牢固。

(3) 工件安装的高度正确,夹具不能与刀具发生干涉。

3. 刀具安装及加工参数设置

(1) 铣刀伸出长度在满足最大加工深度要求的情况下尽可能地短,以增加刀具的刚性。

(2) 安装的刀具号要对应好。

(3) 刀具的补偿数值应输入在与程序中该刀具相对应的刀补号中。

2.6 实际零件加工

1. 教师演示

(1) 工件的装夹、找正及坐标系设置。

(2) 刀具的准备、安装及参数设置。

(3) 加工程序的编制和程序输入。

(4) 加工过程中切削用量的调整。

2. 学生加工训练

训练过程中,指导教师巡回指导,及时纠正不正确的操作姿势、解决学生练习中出现的各种问题。

2.7 零件测量

教学策略:讲授法、互动法。

零件的加工质量的高低,取决于加工尺寸与零件图纸的符合度,取决于零件尺寸测量的准确度。在对加工零件测量时量具的选择、校正及测量的方法进行讲授,让学生掌握常用量具的使用方法;实际测量中可以采用同组学生互测、教师抽测的方法,检测零件的加工质量,积累测量经验,提高学生的质量意识。

2.7.1 参考检测工艺

通过识图,该零件由(40±0.05)mm×(40±0.05)mm,高 $7^{+0.1}_{0}$mm 凸台;$48^{0}_{-0.05}$mm×$48^{0}_{-0.05}$mm,深 15mm 的方;中心 $\phi20^{+0.1}_{0}$mm,深(5±0.1)mm 的孔;4 个 $\phi5.8$mm,深 12mm 的孔构成。测量时需要根据不同类型的尺寸合理选择量具。

1. 检测 $48_{-0.05}^{0}$ mm、(40±0.05)mm 尺寸

用0.01精度的千分尺测量该尺寸3个不同位置，根据测量结果和被测尺寸的公差要求判断是否合格。

2. 检测 $\phi 20_{0}^{+0.1}$ mm 尺寸

用0.01精度的内测千分尺测量该尺寸3个不同位置，根据测量结果和被测尺寸的公差要求判断是否合格。

3. 检测 $7_{0}^{+0.1}$ mm、(5±0.1)mm、15mm 尺寸

用0.01精度的深度千分尺测量该尺寸3个不同位置，根据测量结果和被测尺寸的公差要求判断是否合格。

4. 检验 $\phi 5.8$ mm 孔

用0.02精度的游标卡尺测量该尺寸3个不同位置，根据测量结果和被测尺寸的公差要求判断是否合格。

2.7.2 检测并填写记录表

教学策略：个人检测、教师抽验。

由检测同学按评分表检测零件尺寸；检测结果与图纸尺寸进行比较，从中发现问题尺寸并找出检测出现不同结果的原因，最后由教师对学生的零件进行抽样检测，并针对出现的问题集中解释出现测量误差的原因及提出改进的方法。

2.8 课题小结

1. 教学策略：小组汇报、教师总结

通过小组汇报的方式，教师可以以小组为单位了解各组的工件完成情况及存在的问题，并有针对性地提出下一步的教学方案，对操作较好的学生提出提高方案，对技能情况掌握不理想的学生提出改进意见。

教师以本课题中提出的学习目标总结学生实际掌握的情况及存在的问题，为下一阶段的学习打下基础。

2. 考核方式：日常考核

首先以课题提出的评分标准为一定的考核依据，同时配合学生实际操作中的不同阶段予以分别考核，如学生的操作规范、工件加工、零件检测等环节。

2.9 综合评价

1. 自我评价（表 2.11）

表 2.11 自我评价表

课题名称				课时				
课题自我评价成绩				任课教师				
类别	序号	自我评价项目	结果	A	B	C	D
编程	1	程序是否编写正确					
	2	编程的格式及关键指令是否能正确使用					
	3	题目：通过该零件编程你的收获主要有哪些？ 作答：					
工件刀具安装	1	刀具安装是否正确					
	2	工件安装是否正确					
	3	题目：安装刀具时需要注意的事项主要有哪些？ 作答：					
	4	题目：安装工件时需要注意的事项主要有哪些？ 作答：					
操作与加工	1	操作是否规范					
	2	切削用量是否符合加工要求					
	3	题目：加工时需要注意的事项主要有哪些？ 作答：					
精度检测	1	是否了解本零件测量需要的各种量具及其使用					
	2	题目：本零件精度检测的主要内容是什么？采用了何种方法？ 作答：					
（本部分综合成绩）合计：							
自我总结							
学生签字： 年 月 日		指导教师签字： 年 月 日					

2. 小组互评(表 2.12)

表 2.12 小组互评表

序号	小组评价项目	评价情况
1	学习态度是否积极主动	
2	是否服从教师的教学安排和管理	
3	着装是否符合标准	
4	是否按照安全规范操作	
5	是否合理规范地使用工具和量具	
6	是否遵守学习场所的规章制度	
7	能否正确地对待肯定与否定的意见	
8	团队学习中主动与合作的情况如何	

参与评价同学签名：

年 月 日

3. 教师评价

教师总体评价：

教师签字：________

年 月 日

2.10 测量知识

2.10.1 游标卡尺的使用方法

游标卡尺是一种比较精密的量具，在测量中用得最多。通常用来测量精度较高的工件，它可测量工件的外直线尺寸、宽度和高度，有的还可用来测量槽的深度。如果按游标的精度来分，游标卡尺又分 0.1、0.05、0.02mm 3 种。

1. 游标卡尺的刻线原理与读数方法

以刻度值 0.02mm 的精密游标卡尺为例，如图 2.3，这种游标卡尺由带固定卡脚的主尺和带活动卡脚的副尺（游标）组成。在副尺上有副尺固定螺钉。主尺上的刻度以 mm 为单位，每 10 格分别标以 1、2、3、…，以表示 10、20、30、…mm。这种游标卡尺的副尺刻度是把主尺刻度 49mm 的长度，分为 50 等份，即每格为：0.98mm。

主尺和副尺的刻度每格相差：

$$1-0.98=0.02\text{mm}$$

即测量精度为 0.02mm。如果用这种游标卡尺测量工件，测量前，主尺与副尺的 0 线是对齐的，测量时，副尺相对主尺向右移动，若副尺的第 1 格正好与主尺的第 1 格对齐，则工件的厚度为 0.02mm。同理，测量 0.06mm 或 0.08mm 厚度的工件时，应该是副尺的第 3 格正好与主尺的第 3 格对齐或副尺的第 4 格正好与主尺的第 4 格对齐。

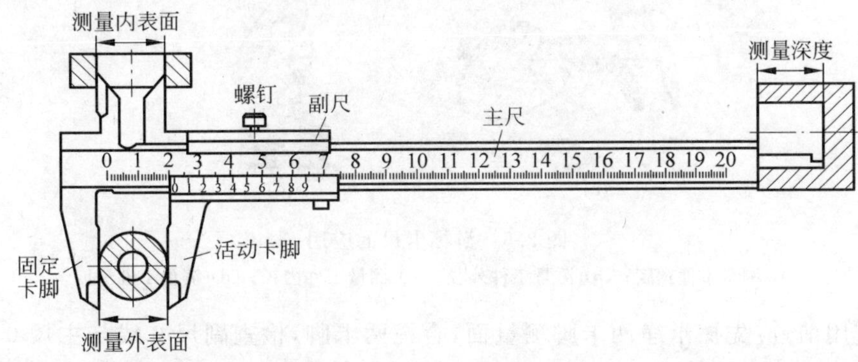

图 2.3 游标卡尺

读数方法，可分三步：

(1) 根据副尺零线以左的主尺上的最近刻度读出整毫米数；

(2) 根据副尺零线以右与主尺上的刻度对准的刻线数乘上 0.02 读出小数；

(3) 将上面整数和小数两部分加起来，即为总尺寸。

如图 2.4 所示，副尺 0 线所对主尺前面的刻度 64mm，副尺 0 线后的第 9 条线与主尺的一条刻线对齐。副尺 0 线后的第 9 条线表示：

$$0.02\times9=0.18\text{mm}$$

所以被测工件的尺寸为

$$64+0.18=64.18\text{mm}$$

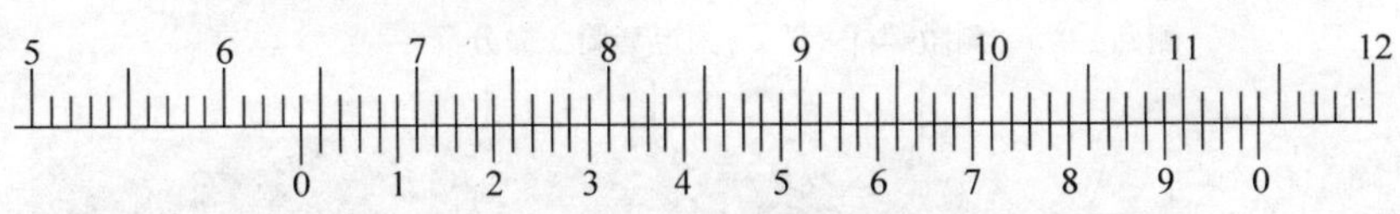

图 2.4 0.02mm 游标卡尺的读数方法

2. 游标卡尺的使用与注意事项

1) 游标卡尺的使用

游标卡尺可用来测量工件的宽度、外径、内径和深度。如图 2.5 所示，其中图 2.5(a)为测量工件宽度的方法，图 2.5(b)为测量工件外径的方法，图 2.5(c)为测量工件内径的方法，图 2.5(d)为测量工件深度的方法。

2) 注意事项

游标卡尺是比较精密的量具，使用时应注意如下事项。

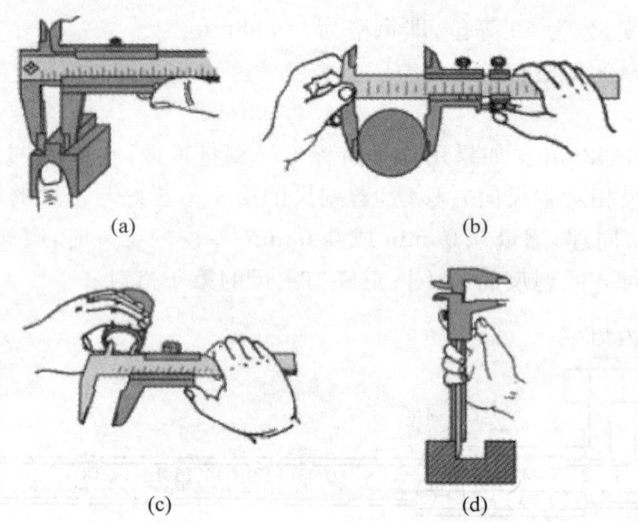

图 2.5 游标卡尺的应用

(a) 测量工件宽度；(b) 测量工件外径；(c) 测量工件内径；(d) 测量工件深度

(1) 使用前，应先擦干净两卡脚测量面，合拢两卡脚，检查副尺 0 线与主尺 0 线是否对齐，若未对齐，应根据原始误差修正测量读数。

(2) 测量工件时，卡脚测量面必须与工件的表面平行或垂直，不得歪斜。且用力不能过大，以免卡脚变形或磨损，影响测量精度。

(3) 读数时，视线要垂直于尺面，否则测量值不准确。

(4) 测量内径尺寸时，应轻轻摆动，以便找出最大值。

(5) 游标卡尺用完后，仔细擦净，抹上防护油，平放在盒内，以防生锈或弯曲。

2.10.2 外测千分尺的使用

1. 量具介绍

外测千分尺的结构如图 2.6 所示，最小精度为 0.01mm。

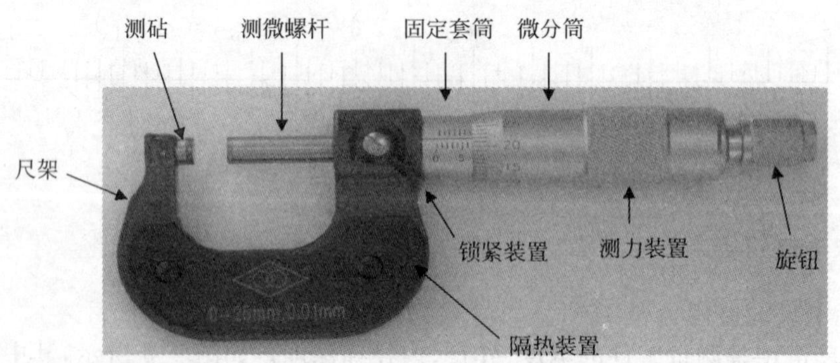

图 2.6 外测千分尺

2. 外径千分尺的读数

(1) 固定套筒读数：读露出刻线的整毫米和半毫米数。

(2) 微分筒读数：读出与基准线对准的微分筒上格数(估读一位)×分度值。

(3) 测量结果＝固定套筒读数＋微分筒格读数。

例 1：微分筒刻度与基准线不对齐，见图 2.7。

(1) 固定套筒读数：30.5

(2) 微分筒读数：29.8×0.01＝0.298

(3) 测量结果＝固定套筒读数＋微分筒读数＝30.5＋0.298＝30.798

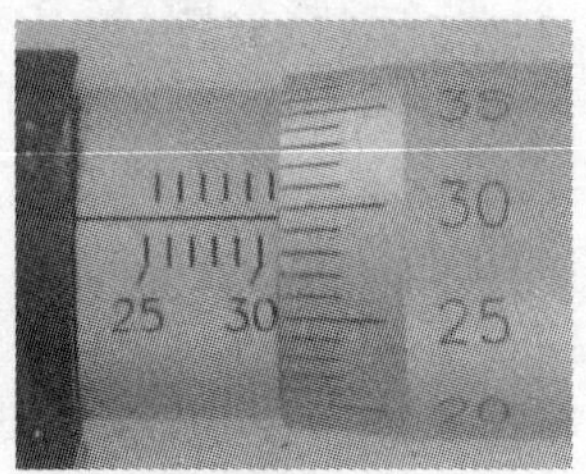

图　2.7

例 2：微分筒刻度与基准线对齐，见图 2.8。

(1) 固定套筒读数：31

(2) 微分筒读数：25.0×0.01＝0.250

(3) 测量结果＝固定套筒读数＋微分筒读数＝31＋0.250＝31.250

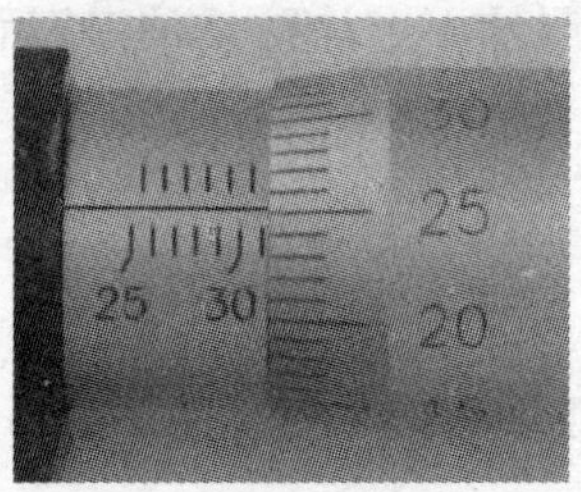

图　2.8

例 3：固定套筒刻度露出与不露出的判断，见图 2.9。

(1) 固定套筒读数：30.5

(2) 微分筒读数：46.3×0.01＝0.463

(3) 测量结果＝固定套筒读数＋微分筒读数＝30.5＋0.463＝30.963

注意：此时 0 刻度在基准线上属于没露出，0 刻度在基准线下属于露出。

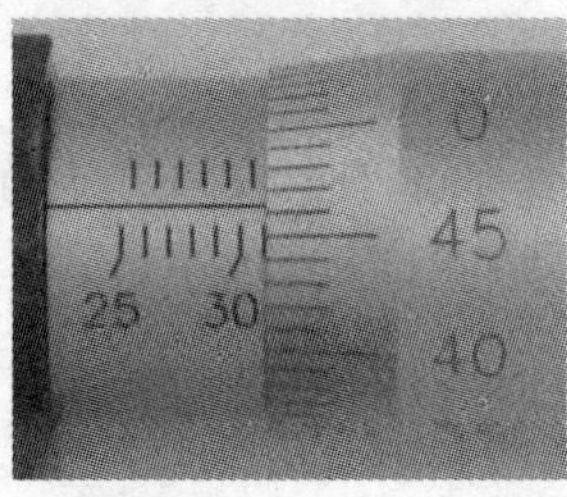

图　2.9

3. 千分尺的测量方法

测量时左手握尺架，右手转动微分筒，使测微螺杆测量面和被测表面接近，再转动测力装置，直到发出响声后进行读数。取下读数时，则应将锁紧装置锁紧后取出千分尺。

4. 测量注意事项

(1) 使用前应将两测量面擦净后使之轻轻接触，检查零位。

(2) 测量时必须先把工件的被测量面擦干净，使测量面平行于被测表面，尽量使用测力装置。

(3) 必须待机床主轴停稳后才能进行测量。

(4) 测量时要注意被测工件温度，一般在室温下进行。

(5) 要仔细看清 0.5mm 的一小格，一般可与游标卡尺配合使用。

5. 千分尺的维护保养

(1) 不允许用千分尺测量较粗糙的表面。

(2) 不准手拿千分尺微分筒，随意摇转尺架。

(3) 不准将千分尺放在工作台面上。

(4) 要防止切削液渗入千分尺内部。

(5) 千分尺用完后应擦净，再测量面上涂防锈油，然后放在专用盒内。

2.10.3 内测千分尺的使用

1. 量具介绍

内测千分尺如图 2.10 所示，最小精度可达为 0.01mm。读数方法与外径千分尺相同。

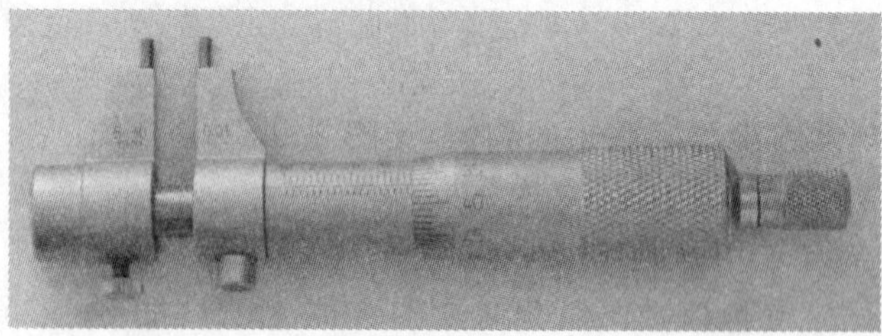

图 2.10 内测千分尺

2. 千分尺的测量方法

测量时左手握尺架，右手转动微分筒，使内测千分尺的测量面和工件的被测表面接近，再转动测力装置，直到发出响声后进行读数。取下读数时，则应将锁紧装置锁紧后取出千分尺。

3. 测量注意事项

(1) 使用前应将两测量面擦净后使用校准块，检查零位。

(2) 测量时必须先把工件的被测量面擦干净,使测量面平行于被测表面,尽量使用测力装置。

(3) 必须待机床主轴停稳后才能进行测量。

(4) 测量时要注意被测工件温度,一般在室温下进行。

(5) 要仔细看清 0.5mm 的一小格,一般可与游标卡尺配合使用。

4. 千分尺的维护保养

(1) 不允许用千分尺测量较粗糙的表面。

(2) 不准手拿千分尺微分筒,随意摇转尺架。

(3) 不准将千分尺放在工作台面上。

(4) 要防止切削液渗入千分尺内部。

(5) 千分尺用完后应擦净,在测量面上涂防锈油,然后放在专用盒内。

2.10.4　深度千分尺

1. 量具介绍

如图 2.11 所示,深度千分尺是利用螺旋副原理对底座基准面和测微螺杆测量面间分隔的距离进行读数的深度测量工具。其最小精度为 0.01mm,读数方法与外径千分尺相同。

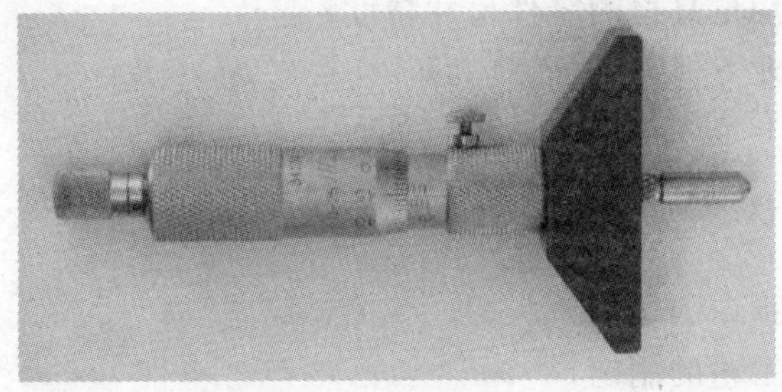

图 2.11　深度千分尺

2. 使用注意事项

(1) 不准拿着微分筒快速任意摇动,或将两测量面互相撞击。

(2) 使用完后,用绸或干净的白细布擦净深度千分尺的各部位,卸下可换测杆及测微螺杆,并在其表面涂一薄层防锈油后,放入专用盒,存放于干燥处。

模块 3

零件外轮廓加工(一)

学习目的

(1) 能够看懂图纸,编制零件加工工艺;
(2) 根据图纸合理选择刀具;
(3) 正确规范使用机床的功能完成零件的加工;
(4) 掌握零件的外轮廓加工方法和技巧;
(5) 能正确使用常用量具检测零件尺寸精度;
(6) 养成良好的职业习惯。

学习要求

(1) 掌握基本编程指令的运用;
(2) 学习零件加工工艺的制定;
(3) 能够操作数控机床完成零件的加工,尺寸公差等级达 IT8,表面粗糙度达 $Ra3.2\mu m$;
(4) 学习使用游标卡尺以及千分尺测量零件尺寸。

学习重点

(1) 学习并掌握外轮廓的程序编制;
(2) 学习零件加工工艺的制定方法;
(3) 学习数控机床的操作及日常维护保养。

学习难点

(1) 学习外轮廓加工的程序编制;
(2) 学习外轮廓粗精加工余量的控制;
(3) 学习加工零件尺寸的准确测量及精度控制。

教学策略

课堂讲授＋现场练习,演练法、互动法。

对于零件工艺分析环节可以首先采用互动的方法使同学们展开讨论,随后教师通过课堂点评和讲授的方式提出较为合理的工艺路线,对外轮廓铣削的切削用量选择,对粗、精加工余量控制进行课堂讲授;零件的检测采用演练法进行课堂示范。

教师课前准备

1. 教学用具

授课计划、纸质及电子教案、课件、黑板、粉笔、多媒体设备、实物样件等。

2. 教学管理物品

实训过程记录表、实训成绩评价标准、实训报告评分标准、实训室使用记录表、仪器设备维护保养卡等。

3. 检查实训设备

开机前检查机床外观各部位是否存在异常,如防护罩、脚踏板等部位;检查机床润滑油液是否充足;检查机床面板各旋钮状态;开机后检查机床是否存在报警,正确返回机床参考点操作。

4. 训练用具(表 3.1)

表 3.1　训练用具清单

序号	类别	名　称	规　格	数量	备注
1	材料	LY12	50mm×50mm×35mm	1块	
2	刀具	高速钢立铣刀	ϕ12,ϕ8mm	各1支	
		麻花钻	ϕ8mm	1支	
		中心钻	A3	1支	
3	夹具	精密平口虎钳	0～300mm	1套	
4	量具	游标卡尺	0～150mm	1把	
		千分尺	0～25mm,25～50mm	各1把	
		深度千分尺	0～25mm	1把	
		内测千分尺	5～30mm	1把	
5	工具	铣夹头		2个	
		钻夹头		1个	
		弹簧夹套	ϕ12mm,ϕ8mm	各1个	与刀具配套
		平行垫铁	130mm×45mm×10mm	1副	
		油石		1支	

学生课前准备

(1) 理论知识点准备:了解数控编程常用指令的含义,了解各固定循环指令的含义及编写格式。

(2) 教材及学习用具准备:本教材、学习笔记、笔等。

(3) 衣着准备:穿戴好工作服、工作帽、工作鞋。

学习导入

(1) 由检查、提问理论知识导入:通过对编程基本知识提问,了解学生对编程基础知识掌握情况。

(2) 由生动的实例导入:通过实物,引入简单零件加工模块。

(3) 本模块学习过程如图 2.1 所示。

3.1 零件图纸与评分标准

零件图纸与评分标准见图 3.1 及表 3.2。

表 3.2 零件检测项目及评分表(配分 100 分) 实得分

序号	考核项目	考核内容及精度要求	配分	评分标准	实测结果	得分
1	轮廓尺寸	$48_{-0.04}^{\ 0}$(2 处)	15	超差全扣		
2		44±0.02	8	超差全扣		
3		12±0.02	8	超差全扣		
4		28±0.02(2 处)	12	超差全扣		
5		$8_{\ 0}^{+0.06}$	8	超差全扣		
6		$14_{\ 0}^{+0.06}$	8	超差全扣		
7		*R*15(2 处)	5	超差全扣		
8		*C*19	3	超差全扣		
9		*C*10	3	超差全扣		
10		ϕ8(5 处)	5	超差全扣		
11		*R*4(2 处)	5	超差全扣		
12		*R*10、*R*6(各 1 处)	5	超差全扣		
13	其他	表面粗糙度 *Ra*3.2	5	超差面扣分		
14		棱边倒钝	2	超差全扣		
15		图形完整	5	不完整全扣		
16		文明生产	3	违规操作全扣		

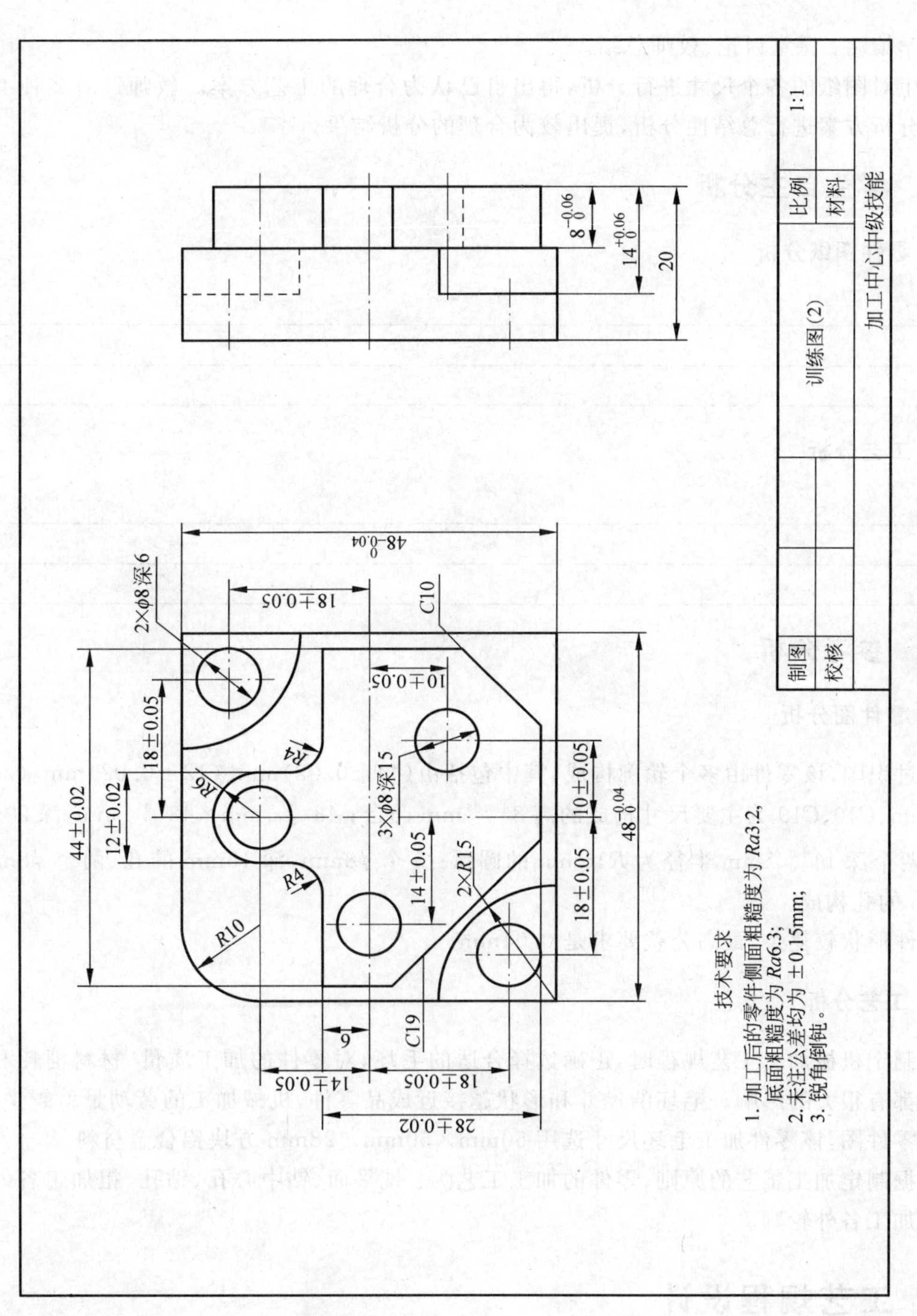
技术要求
1. 加工后的零件侧面粗糙度为Ra3.2，底面粗糙度为Ra6.3；
2. 未注公差均为±0.15mm；
3. 锐角倒钝。
制图
校核
训练图(2)
比例 1:1
材料
加工中心中级技能

图 3.1 零件图

3.2 图纸分析

教学策略：课堂讨论、教师总结。

学生对图纸的各个尺寸进行分析，得出自己认为合理的工艺方案。教师针对多种不同的图纸分析方案进行总结性分析，提出较为合理的分析结果。

3.2.1 学生自主分析

1. 零件图纸分析

____

____

____

2. 工艺分析

____

____

____

3.2.2 参考分析

1. 零件图分析

通过识图，该零件由多个轮廓构成，其中包括由(44±0.02)mm、(12±0.02)mm、(28±0.05)mm、$C10$、$C19$ 为主要尺寸构成的高 $8^{+0.06}_{0}$ mm 凸台；$48_{-0.04}^{0}$ mm×$48_{-0.04}^{0}$ mm，深 20mm 的方；两个深 $14^{+0.06}_{0}$ mm 半径为 $R15$mm 的圆弧；3 个 $\phi8$mm，深 15mm 的孔，两个 $\phi8$mm，深 6mm 的孔构成。

零件形状较复杂，最高公差要求是 0.04mm。

2. 工艺分析

在制定机械加工工艺规程时，正确选择合适的毛坯，对零件的加工质量、材料消耗和加工工时都有很大的影响。毛坯的尺寸和形状越接近成品零件，机械加工的劳动量就越少。

据零件图，该零件加工毛坯尺寸选用 50mm×50mm×28mm 方块铝合金材料。

依据制定加工工艺的原则，零件的加工工艺为：铣平面、钻中心孔、钻孔、粗加工各外轮廓和精加工各外轮廓。

3.3 工艺规程设计

教学策略：分组讨论、小组汇报、教师总结。

以分组讨论的形式对零件提出整体的加工方案，小组得出统一方案后集中汇总、汇报。

教师针对多种不同的加工方案进行分析,并提出较为合理的工艺路线。

3.3.1 学生自主设计

1. 刀具选择(表 3.3)

表 3.3 刀具卡片

刀具名称	刀具规格	材料	数量	刀具用途	备注

2. 切削参数选择(表 3.4)

表 3.4 切削参数卡片

刀具	切削速度 v/(m/min)	每刃进给量 f/(mm/刃)	主轴转速 S/(r/min)	进给速度 F/(mm/min)	备注

3. 工艺规程安排(表 3.5)

表 3.5 工序卡片(可附表)

<table>
<tr><td colspan="3">单位</td><td colspan="3">产品名称及型号</td><td colspan="2">零件名称</td><td>零件图号</td></tr>
<tr><td colspan="3"></td><td colspan="3"></td><td colspan="2"></td><td></td></tr>
<tr><td>工序号</td><td colspan="2">程序编号</td><td colspan="3">夹具名称</td><td colspan="2">使用设备</td><td>工件材料</td></tr>
<tr><td></td><td colspan="2"></td><td colspan="3"></td><td colspan="2"></td><td></td></tr>
<tr><td>工步</td><td>工步内容</td><td colspan="2">刀号</td><td>切削用量</td><td colspan="2">备注</td><td colspan="2">工序简图</td></tr>
<tr><td></td><td></td><td colspan="2"></td><td></td><td colspan="2"></td><td colspan="2"></td></tr>
<tr><td></td><td></td><td colspan="2"></td><td></td><td colspan="2"></td><td colspan="2"></td></tr>
<tr><td></td><td></td><td colspan="2"></td><td></td><td colspan="2"></td><td colspan="2"></td></tr>
</table>

3.3.2 参考分析

1. 刀具选择

刀具材料的选择及合理应用是十分重要的,目前切削加工中所用的刀具材料主要有高速钢、硬质合金、陶瓷和人造金刚石、立方氮化硼等材料。根据加工材料,选择切削加工生产率、加工质量高的刀具。本例工件材料为硬铝,刀具选择刃口锋利、直线度好、精度高的高速钢整体立铣刀。

刀具使用时,考虑粗精加工刀具分开原则,防止精加工刀具过早的磨损,保证尺寸加工精度。

根据图纸,考虑零件的结构特征,加工生产率选用刀具见表 3.6。

表 3.6 刀具卡片

刀具名称	刀具规格	材料	数量	刀具用途	备注
立铣刀	ϕ12mm	高速钢	1	平面加工,轮廓粗加工	
立铣刀	ϕ8mm	高速钢	1	轮廓精加工	
中心钻	ϕ3mm	高速钢	1	钻中心孔	
麻花钻	ϕ8mm	高速钢	1	钻 ϕ8mm 孔	

2. 切削参数选择

根据加工对象的材质,刀具的材质和规格,从金属切削参数书籍中查找刀具切削速度、每齿进给量,确定选用刀具的转速、进给速度。参考切削参数如表 3.7。

表 3.7 切削参数卡片

刀具	切削速度 v/(m/min)	每刃进量 f/(mm/刃)	主轴转速 S/(r/min)	进给速度 F/(mm/min)	备注
ϕ12mm 立铣刀	50	0.04	1300	200	粗加工
	80	0.035	2100	300	平面加工
ϕ8mm 立铣刀	60	0.03	2400	280	精加工
ϕ3mm 中心钻	30	0.03	3200	200	
ϕ8mm 钻头	30	0.05	1200	120	

3. 切削深度 a_p

切削深度在粗加工时主要受机床和刀具刚度的限制,一般情况下,径向切削量较大时切削深度取(0.6~0.8)$D_刀$,否则切削深度可较大一些。

该零件材料为合金铝,轮廓深度最大加工量为 8mm,机床和刀具刚度能够满足加工要求,因此每个轮廓加工深度按图纸标注尺寸加工即可,不需分层加工。

4. 工艺规程安排

零件各个轮廓加工工艺安排如表 3.8 所示。

表 3.8 零件工序卡片

<table>
<tr><td colspan="2">单位</td><td>产品名称及型号</td><td>零件名称</td><td>零件图号</td></tr>
<tr><td colspan="2"></td><td></td><td>简单零件</td><td></td></tr>
<tr><td>工序</td><td>程序编号</td><td>夹具名称</td><td>使用设备</td><td>工件材料</td></tr>
<tr><td>1</td><td>O0001</td><td>精密平口钳</td><td>VMC850</td><td>LY12</td></tr>
</table>

续表

工步	工步内容	刀号	刀具及切削用量	备注	工序简图
1	铣平面,加工原点设定在工件上表面中心	T01	ϕ12mm 立铣刀 S=2100r/min F=300mm/min a_p=0.3mm	采用试切法	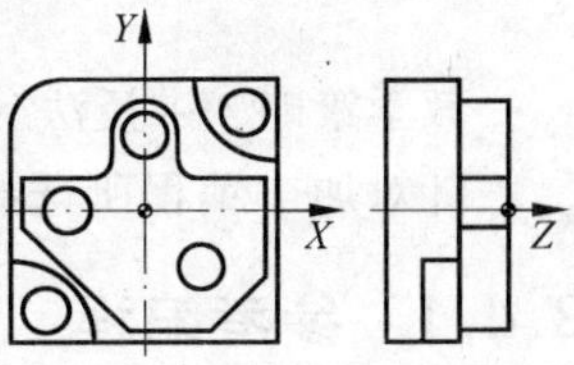
2	钻 5 个 ϕ8mm 孔的定位中心孔	T02	ϕ3mm 中心钻 S=3200r/min F=200mm/min a_p=3mm		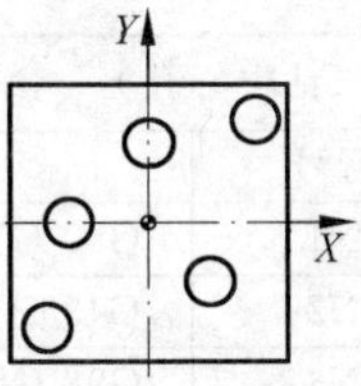
3	钻 3 个 ϕ8mm 孔,深 15mm;两个 ϕ8mm 孔,深 20mm	T03	ϕ8mm 钻头 S=1200r/min F=120mm/min a_p=2mm		
4	粗铣 $48_{-0.04}^{\ 0}$mm×$48_{-0.04}^{\ 0}$mm,深 20mm 的方,留余量 0.2mm	T01	ϕ12mm 立铣刀 S=1300r/min F=200mm/min a_p=20mm		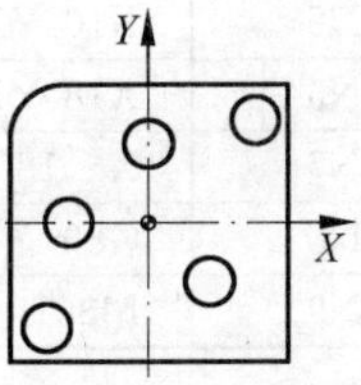
5	粗铣由(44±0.02)mm、(12±0.02)mm、(28±0.05)mm、C10、C19 为主要尺寸构成的高 $8_{0}^{+0.06}$mm 凸台,留余量 0.2mm	T01	ϕ12mm 立铣刀 S=1300r/min F=200mm/min a_p=8mm		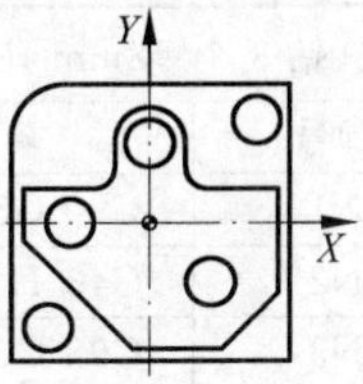
6	粗铣两个深 $14_{0}^{+0.06}$mm 半径为 R15mm 的圆弧,留余量 0.2mm	T01	ϕ12mm 立铣刀 S=1300r/min F=200mm/min a_p=14mm		
7	精铣由(44±0.02)mm、(12±0.02)mm、(28±0.05)mm、C10、C19 为主要尺寸构成的高 $8_{0}^{+0.06}$mm 凸台至尺寸	T03	ϕ8mm 立铣刀 S=2400r/min F=280mm/min a_p=8mm		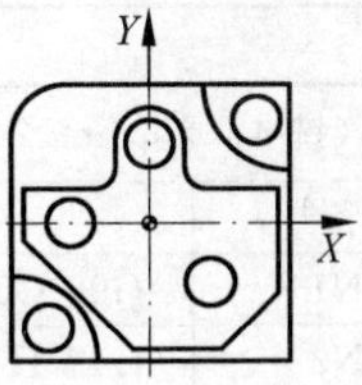
8	精铣两个深 $14_{0}^{+0.06}$mm,半径为 R15mm 的圆弧至尺寸	T03	ϕ8mm 立铣刀 S=2400r/min F=280mm/min a_p=14mm		
9	精铣 $48_{-0.04}^{\ 0}$mm×$48_{-0.04}^{\ 0}$mm,深 20mm 的方至尺寸	T03	ϕ8mm 立铣刀 S=2400r/min F=280mm/min a_p=20mm		

3.4 程序编制

教学策略：讲授法、提问法、反馈强化。

针对加工编程所选择的加工方式、切削参数的设置逐一讲解。

3.4.1 参考编程

零件参考程序如下。

O1；(钻中心孔)

行号	主 程 序	解 释
N1	G90 G54 G00 X0Y0 S3200 M03	定位起始点
N2	G43 H2 Z100	调用 2 号刀具，定位起始高度
N3	G98 G81 X0 Y14 R3 Z－2 F200	用 G83 指令钻孔，深度为 2mm
N4	X－14 Y0	
N5	X10 Y10	
N6	X18 Y18	
N7	X－18 Y－18	
N8	G80	用 G80 取消钻孔
N9	M30	程序停止并返回程序头

O2；(钻 3 个 ϕ8mm 孔，深 15mm；两个 ϕ8mm 孔，深 20mm)

行号	主 程 序	解 释
N1	G90 G54 G00 X35 Y35 S1200 M03	定位起始点
N2	G43 H3 Z100	调用 3 号刀具，定位起始高度
N3	G98 G83 X0Y14 R3 Z－15 Q2 F80	用 G83 指令钻孔，深度为 15mm
N4	X－14 Y0	
N5	X10 Y10	
N6	X18 Y18 Z－20	深度为 20mm
N7	X－18 Y－18	
N8	G80	用 G80 取消钻孔
N9	M30	程序停止并返回程序头

O3；(铣 $48_{-0.04}^{\ 0}$mm×$48_{-0.04}^{\ 0}$mm，深 20mm 方的程序)

行号	主程序 O1	解 释
N1	G90 G54 G00 X35 Y35 S1200 M3	定位起始点
N2	G43 H1 Z100	调用 1 号刀，定位起始高度
N3	Z5 M08	快速降到安全高度
N4	G01 Z－20 F200	
N5	G41 D1 X24	执行刀具半径补偿指令
N6	Y－24	
N7	X－24	
N8	Y24,R10	用 G01 指令倒圆角

续表

行号	主程序 O1	解 释
N9	X35	
N10	G40 Y35	取消刀具半径补偿指令
N11	G00 Z100	快速提到到指定位置
N12	M30	程序停止并返回程序头

O4;(铣由(44±0.02)mm、(12±0.02)mm、(28±0.05)mm、*C*10、*C*19 为主要尺寸构成的高 $8^{+0.06}_{0}$ mm 凸台程序)		
N1	G90 G54 G00 X35 Y35 S1300 M3	定位起始点
N2	G43 H1 Z100	调用1号刀,定位起始高度
N3	Z5 M08	
N4	G01 Z−8 F200	
N5	G41 D1 X22	执行刀具半径补偿指令
N6	Y−22,C10	用 G01 指令倒角
N7	X−22,C19	
N8	Y6	
N9	X−6	
N10	Y14	
N11	G02 X6 Y14 R6	
N12	G01 Y6	
N13	X35	
N14	G40 Y35	取消刀具半径补偿指令
N15	G00 Z100	快速提刀到起始高度
N16	M30	程序停止并返回程序头

O5;(铣 *R*15 圆弧程序)		
N1	G90 G54 G00 X35 Y24 S1300 M03	定位起始点
N2	G43 H1 Z100	调用1号刀,定位起始高度
N3	Z5 M08	
N4	G01 Z−14 F200	*Z* 向进行切削时,进给速度 *F* 值偏小
N5	G41 D01 X9	执行刀具半径补偿指令
N6	G3 X24 Y9 R15	
N7	G00 Z5	快速提刀到安全高度
N8	G40 X−35 Y−24	取消刀具半径补偿指令
N9	G01 Z−14	
N10	G41 D01 X−9	
N11	G03 X−24 Y−9 R15	
N12	G40 X0 Y0	取消刀具半径补偿指令
N13	G00 Z100	快速提刀到起始高度
N14	M30	程序停止并返回程序头

3.4.2 学生自主编程

学生独立完成程序编制，选择相应的加工方式并设置切削参数，经过程序校验，确定正确后，填写表3.9加工程序清单。

表3.9 加工程序清单

序号	程序号	刀具	刀具号	刀具长度补偿号	备注

3.5 加工前准备

1. 机床准备(表3.10)

表3.10 机床准备卡片

	机械部分				电器部分		数控系统部分			辅助部分	
设备检查	主轴部分	进给部分	刀库部分	润滑部分	主电源	冷却风扇	电器元件	控制部分	驱动部分	冷却	润滑
检查情况											
注：经检查后该部分完好，在相应项目下打"√"；若出现问题及时报修。											

2. 工件安装

(1) 精密平口虎钳安装牢固，位置方向要正确。

(2) 工件夹紧牢固。

(3) 工件安装的高度正确，夹具不能与刀具发生干涉。

(4) 工作坐标系设定要正确。

3. 刀具安装及加工参数设置

(1) 铣刀伸出长度尽可能地短，以增加刀具的刚性。

(2) 安装的刀具号要对应好。

(3) 刀具的补偿数值应输入在与程序中该刀具相对应的刀补号中。

3.6 实际零件加工

1. 教师演示

(1) 工件的装夹、找正及坐标系设置。

(2) 刀具的参数设置。
(3) 加工程序的编制和程序输入。
(4) 加工过程中的切削用量的调整。

2. 学生加工训练

训练过程中,指导教师巡回指导,及时纠正不正确的操作姿势、解决学生练习中出现的各种问题。

3.7　零件测量

教学策略：讲授法、互动法。

零件的加工质量的高低,取决于加工尺寸与零件图纸的符合度,取决于零件尺寸测量的准确度。在对加工零件测量时采用讲授法介绍量具的选择和校正,示范零件尺寸的测量,以便学生掌握尺寸测量的方法；实际测量中可以采用同组学生互测、教师抽测的方法,检测零件的加工质量,积累测量经验,提高学生的质量意识。

3.7.1　参考检测工艺

1. 检测 $48_{-0.04}^{0}$ mm、(44±0.02)mm、(12±0.02)mm 尺寸

用0.01精度的千分尺测量该尺寸3个不同位置,根据测量结果和被测尺寸的公差要求判断是否合格。

2. 检测(28±0.05)mm 尺寸

采用间接测量的方法,在下边放置10mm量块,用0.01精度的外径千分尺测量该尺寸3个不同位置,测量结果减去量块尺寸,即为测量尺寸,根据测量尺寸和被测尺寸的公差要求判断是否合格。

3. 检测 $8_{0}^{+0.06}$ mm、$14_{0}^{+0.06}$ mm 尺寸

用0.01精度的深度千分尺测量该尺寸3个不同位置,根据测量结果和被测尺寸的公差要求判断是否合格。

4. 检验 ϕ8mm 孔尺寸

用0.02精度的游标卡尺测量该尺寸3个不同位置,根据测量结果和被测尺寸的公差要求判断是否合格。

5. 检验 20mm 尺寸

用0.02精度的游标卡尺测量该尺寸3个不同位置,根据测量结果和被测尺寸的公差要求判断是否合格。

6. 检验 *R*15mm 尺寸

用R规检验,根据测量轮廓和R规符合程度判断是否合格。

7. 检验 C19、C10 倒角尺寸

用 0.02 精度的游标卡尺和角度尺测量该尺寸，根据测量结果和被测尺寸的公差要求判断是否合格。

8. 检查表面粗糙度 Ra3.2

用表面粗糙度比较样板进行比较验定表面粗糙度。

3.7.2 检测并填写记录表

教学策略：个人检测、教师抽验。

由检测同学按评分表检测零件尺寸；检测结果与图纸尺寸进行比较，从中发现问题，找出造成问题的原因，最后由教师对学生的零件进行抽样检测，并针对出现的问题集中解释出现测量误差的原因及提出改进的方法。

3.8 加工误差分析及后续处理

教学策略：学生反馈、讲授法、提问法。

针对学生出现加工误差并及时反馈的情况，教师进行集中汇总，针对出现较多的问题采用讲授法指导学生了解出现问题的原因；对于出现几率不多或没有出现的情况，教师采用提问的方法引导学生自主分析加工误差产生的原因。

加工中心机床上进行铣削加工过程中产生精度降低的原因是多方面的，经常遇到的加工误差有多种，其问题现象、产生的原因、预防和消除的措施见表 3.11。

表 3.11 加工误差分析及后续处理

问题现象	产生原因	预防和消除
尺寸超差	1. 刀具数据设置不准确 2. 产生让刀 3. 程序错误	1. 调整或重新设定刀具数据 2. 尺寸进行粗、精加工 3. 检查、修改加工程序
深度尺寸不一致	1. 装夹不牢靠，加工过程中产生松动 2. 刀具磨损 3. 刀具长度参数设置不正确	1. 装夹工件准确牢靠 2. 更换刀具 3. 重新设定刀具长度数据
表面有振纹	1. 工件装夹不正确 2. 刀具安装不正确 3. 切削参数不正确	1. 检查工件安装，增加安装刚性 2. 调理刀具安装位置 3. 提高或降低切削速度
切削过程中刀具折断	1. 进给量过大 2. 切削深度过大 3. 切屑阻塞	1. 降低进给速度 2. 减小切削深度 3. 浇注充足冷却液及时排屑
表面粗糙度差	1. 切削速度过低 2. 切削液选用不合理 3. 刀具切削刃不锋利	1. 调高主轴转速 2. 选择正确的切削液，并充分喷注 3. 选择刀刃锋利刀具

3.9 课题小结

1. 教学策略：小组汇报、教师总结

通过小组汇报的方式，教师可以以小组为单位了解各组的工件完成情况及存在的问题，并有针对性地提出下一步的教学方案，对操作较好的学生提出提高方案，对技能情况掌握不理想的学生提出改进意见。

教师以本课题中提出的学习目标总结学生实际掌握的情况及存在的问题，为下一阶段的学习打下基础。

2. 课题考核方式：日常考核

首先以课题提出的评分标准为一定的考核依据，同时配合学生实际操作中的不同阶段予以分别考核，如学生的操作规范、工件加工、零件检测等环节。

3.10 综合评价

1. 自我评价(表 3.12)

表 3.12 自我评价表

课题名称			课时				
课题自我评价成绩			任课教师				
类别	序号	自我评价项目	结果	A	B	C	D
编程	1	程序是否能顺利完成加工					
	2	程序是否满足零件的工艺要求					
	3	编程的格式及关键指令是否能正确使用					
	4	题目：通过该零件编程你的收获主要有哪些？ 作答：					
	5	题目：你设计本程序的主要思路是什么？ 作答：					

续表

<table>
<tr><th>类别</th><th>序号</th><th>自我评价项目</th><th>结果</th><th>A</th><th>B</th><th>C</th><th>D</th></tr>
<tr><td rowspan="4">工件刀具安装</td><td>1</td><td>刀具安装是否正确</td><td></td><td></td><td></td><td></td><td></td></tr>
<tr><td>2</td><td>工件安装是否正确</td><td></td><td></td><td></td><td></td><td></td></tr>
<tr><td>3</td><td colspan="2">题目：安装刀具时需要注意的事项主要有哪些？
作答：</td><td></td><td></td><td></td><td></td></tr>
<tr><td>4</td><td colspan="2">题目：安装工件时需要注意的事项主要有哪些？
作答：</td><td></td><td></td><td></td><td></td></tr>
<tr><td rowspan="4">操作与加工</td><td>1</td><td>操作是否规范</td><td></td><td></td><td></td><td></td><td></td></tr>
<tr><td>2</td><td>切削用量是否符合加工要求</td><td></td><td></td><td></td><td></td><td></td></tr>
<tr><td>3</td><td colspan="2">题目：加工时需要注意的事项主要有哪些？
作答：</td><td></td><td></td><td></td><td></td></tr>
<tr><td>4</td><td colspan="2">题目：加工时经常出现的加工误差主要有哪些？
作答：</td><td></td><td></td><td></td><td></td></tr>
<tr><td rowspan="2">精度检测</td><td>1</td><td>是否了解本零件测量需要的各种量具及其使用</td><td></td><td></td><td></td><td></td><td></td></tr>
<tr><td>2</td><td colspan="2">题目：本零件精度检测的主要内容是什么？采用了何种方法？
作答：</td><td></td><td></td><td></td><td></td></tr>
<tr><td colspan="4">（本部分综合成绩）合计：</td><td colspan="4"></td></tr>
<tr><td colspan="2">自我总结</td><td colspan="6"></td></tr>
<tr><td colspan="3">学生签字：

年 月 日</td><td colspan="5">指导教师签字：

年 月 日</td></tr>
</table>

2. 小组互评(表 3.13)

表 3.13 小组互评表

序号	小组评价项目	评价情况
1	学习态度是否积极主动	
2	是否服从教师的教学安排和管理	
3	着装是否符合标准	
4	是否按照安全规范操作	
5	能否辨别工作环境中哪些是危险的因素	
6	是否合理规范地使用工具和量具	
7	是否遵守学习场所的规章制度	
8	能否正确地对待肯定与否定的意见	
9	团队学习中主动与合作的情况如何	

参与评价同学签名：

年 月 日

3. 教师评价

教师总体评价：

教师签字：

年 月 日

模块 4

零件外轮廓加工(二)

学习目的

(1) 能够识读图纸,能正确编制零件加工工艺;

(2) 根据图纸合理作出刀具的清单;

(3) 正确规范操作数控机床完成零件的加工;

(4) 掌握零件的加工方法和技巧;

(5) 能正确使用常用量具检测零件尺寸精度;

(6) 养成良好的职业习惯。

学习要求

(1) 熟练运用基本编程指令编制加工程序;

(2) 学习零件加工工艺的制定;

(4) 能够操作数控机床完成零件的加工,尺寸公差等级达 IT8,表面粗糙度达 $Ra3.2\mu m$;

(3) 熟练使用游标卡尺以及千分尺测量零件尺寸。

学习重点

(1) 学习并掌握使用 G68/G69 坐标系旋转功能进行程序编制;

(2) 学习零件加工工艺的制定方法;

(3) 学习数控机床的操作及日常维护保养。

学习难点

(1) 学习外轮廓加工的程序编制;

(2) 学习外轮廓粗精加工余量的控制;

(3) 学习加工零件尺寸的准确测量及精度控制。

教学策略

课堂讲授+现场练习,演练法、互动法。

对于简单零件工艺分析环节可以首先采用互动的方法使同学们展开讨论,随后教师通过课堂点评和讲授的方式提出较为合理的工艺路线,对轮廓铣削和钻孔的切削用量的选择进行课堂讲授;零件的检测采用演练法。

教师课前准备

1. 教学用具

授课计划、纸质及电子教案、课件、黑板、粉笔、多媒体设备、实物样件等。

2. 教学管理物品

实训过程记录表、实训成绩评价标准、实训报告评分标准、实训室使用记录表、仪器设备维护保养卡等。

3. 检查实训设备

开机前检查机床外观各部位是否存在异常,如防护罩、脚踏板等部位;检查机床润滑油液是否充足;检查机床面板各旋钮状态;开机后检查机床是否存在报警,正确返回机床参考点操作。

4. 训练用具(表4.1)

表4.1 训练用具清单

序号	类别	名 称	规 格	数量	备注
1	材料	LY12	50mm×50mm×35mm	1块	
2	刀具	高速钢立铣刀	ϕ12mm,ϕ8mm	各1支	
		麻花钻	ϕ8mm	1支	
		中心钻	A3	1支	
3	夹具	精密平口虎钳	0~300mm	1套	
4	量具	游标卡尺	0~150mm	1把	
		千分尺	0~25mm,25~50mm	各1把	
		深度千分尺	0~25mm	1把	
		内测千分尺	5~30mm	1把	
5	工具	铣夹头		2个	
		钻夹头		1个	
		弹簧夹套	ϕ12mm,ϕ8mm	各1个	与刀具配套
		平行垫铁		1副	
		油石		1支	

学生课前准备

(1) 理论知识点准备：了解旋转指令的含义，掌握加工程序的编写格式。

(2) 教材及学习用具准备：本教材、学习笔记、笔等。

(3) 衣着准备：穿戴好工作服、工作帽、工作鞋。

学习导入

(1) 由检查、提问理论知识导入：通过对编程基本知识提问，了解学生对编程基础知识掌握情况。

(2) 由生动的实例导入：通过事物，引入简单零件加工模块。

(3) 本模块学习过程如图 2.1 所示。

4.1 零件图纸与评分标准

零件图纸与评分标准见图 4.1 及表 4.2。

表 4.2 零件检测项目及评分表　　　　得分________

序号	考核项目	考核内容及精度要求	配分	评分标准	实测结果	得分
1	轮廓尺寸	$48_{-0.04}^{0}$(2 处)	14	超差全扣		
2		$18_{-0.05}^{0}$	7	超差全扣		
3		7±0.02	7	超差全扣		
4		$10_{0}^{+0.05}$	7	超差全扣		
5		8±0.03	6	超差全扣		
6		12±0.03	6	超差全扣		
7		13±0.03(4 处)	16	超差全扣		
8		36±0.05	5	超差全扣		
9		ϕ8(5 处)	5	超差全扣		
10		R15(2 处)	6	超差全扣		
11		20±0.1	4	超差全扣		
12	其他	表面粗糙度 Ra3.2	5	超差面扣分		
13		棱边倒钝	2	超差全扣		
14		图形完整度	5	不完整全扣		
15		文明生产	5	违规操作全扣		

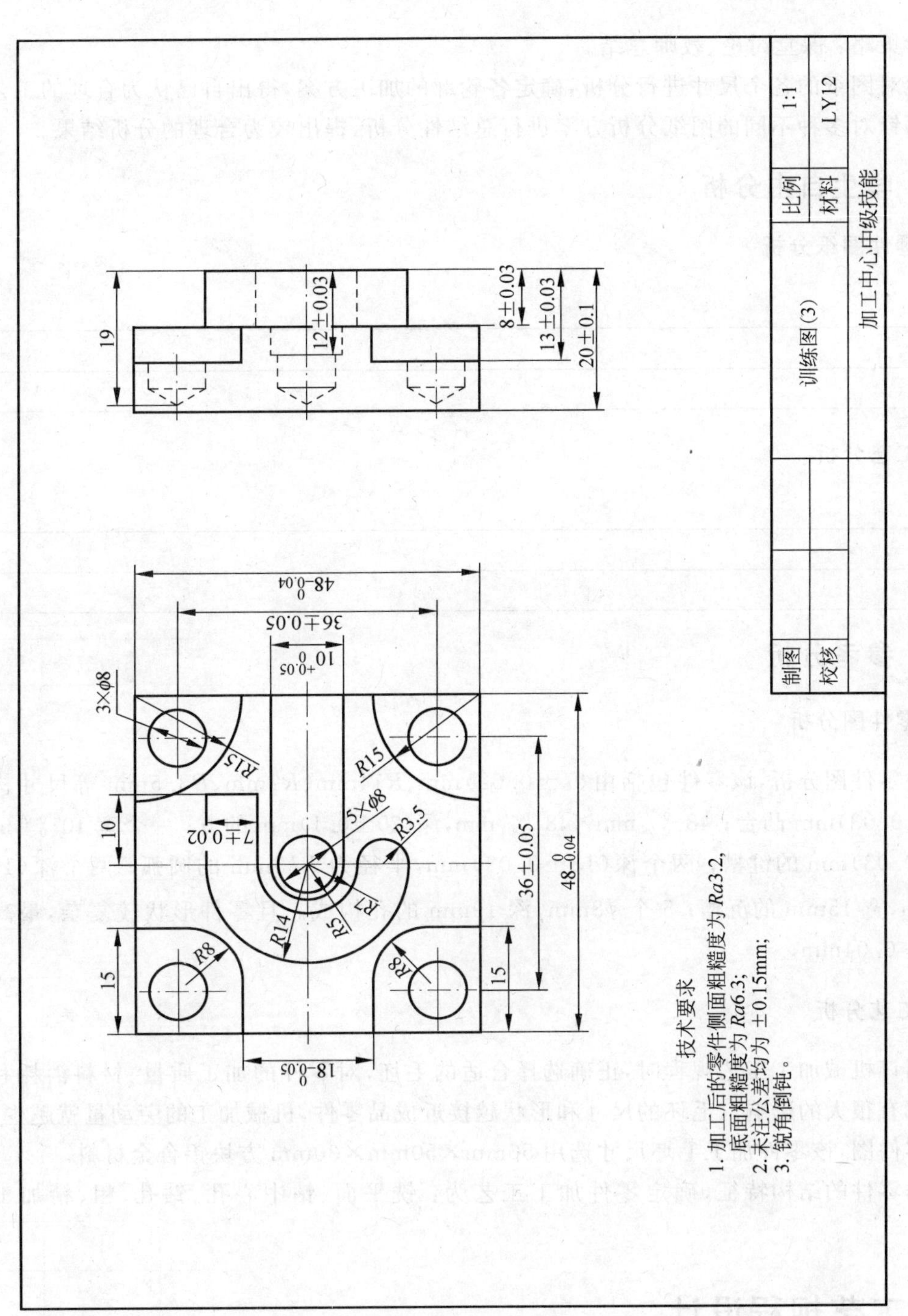

15
10
3×ϕ8
R8
7±0.02
R15
R14
$18^{0}_{-0.05}$
R5
R7
5×ϕ8
R3.5
$10^{+0.05}_{0}$
36±0.05
$48^{0}_{-0.04}$
15
36±0.05
$48^{0}_{-0.04}$
19
12±0.03
8±0.03
13±0.03
20±0.1
技术要求
1. 加工后的零件侧面粗糙度为 Ra3.2,
底面粗糙度为 Ra6.3;
2.未注公差均为 ±0.15mm;
3. 锐角倒钝。
制图
校核
训练图(3)
比例
1:1
材料
LY12
加工中心中级技能

图 4.1 零件图

4.2 图纸分析

教学策略：课堂讨论、教师总结。

学生对图纸的各个尺寸进行分析，确定各轮廓的加工方案，得出自己认为合理的工艺方案。教师针对多种不同的图纸分析方案进行总结性分析，提出较为合理的分析结果。

4.2.1 学生自主分析

1. 零件图纸分析

____

____

____

2. 工艺分析

____

____

____

4.2.2 参考分析

1. 零件图分析

通过零件图分析，该零件包括由(7±0.02)mm、R14mm、R7mm、R3.5mm 等尺寸构成的高(8±0.03)mm 凸台；$48_{-0.04}^{\ 0}$mm×$48_{-0.04}^{\ 0}$mm，深(20±0.1)mm 的方；一个宽 $10_{\ 0}^{+0.05}$mm，深(12±0.03)mm 的键槽；两个深(13±0.03)mm，半径为 R15mm 的圆弧；两个深(13±0.03)mm，宽 15mm 的沉槽；5 个 ϕ8mm，深 19mm 的孔构成。且零件形状较复杂，最高公差要求是 0.04mm。

2. 工艺分析

在制订机械加工工艺规程时，正确选择合适的毛坯，对零件的加工质量、材料消耗和加工工时都有很大的影响。毛坯的尺寸和形状越接近成品零件，机械加工的劳动量就越少。

据零件图，该零件加工毛坯尺寸选用 50mm×50mm×30mm 方块铝合金材料。

依据零件的结构特征，确定零件加工工艺为：铣平面、钻中心孔、钻孔、粗、精加工各轮廓。

4.3 工艺规程设计

教学策略：分组讨论、小组汇报、教师总结。

以分组讨论的形式对零件提出整体的加工方案，小组得出统一方案后集中汇总、汇报。

教师针对多种不同的加工方案进行分析,并提出较为合理的工艺路线。

4.3.1 学生自主设计

1. 刀具选择(表 4.3)

表 4.3 刀具卡片

刀具名称	刀具规格	材料	数量	刀具用途	备注

2. 切削参数选择(表 4.4)

表 4.4 切削参数卡片

刀具	切削速度 v/(m/min)	每刃进给量 f/(mm/刃)	主轴转速 S/(r/min)	进给速度 F/(mm/min)	备注

3. 工艺规程安排(表 4.5)

表 4.5 工序卡片(可附表)

<table>
<tr><td colspan="2">单位</td><td colspan="3">产品名称及型号</td><td>零件名称</td><td>零件图号</td></tr>
<tr><td colspan="2"></td><td colspan="3"></td><td></td><td></td></tr>
<tr><td>工序号</td><td>程序编号</td><td colspan="3">夹具名称</td><td>使用设备</td><td>工件材料</td></tr>
<tr><td></td><td></td><td colspan="3"></td><td></td><td></td></tr>
<tr><td>工步</td><td>工步内容</td><td>刀号</td><td>切削用量</td><td>备注</td><td colspan="2">工序简图</td></tr>
<tr><td></td><td></td><td></td><td></td><td></td><td colspan="2" rowspan="3"></td></tr>
<tr><td></td><td></td><td></td><td></td><td></td></tr>
<tr><td></td><td></td><td></td><td></td><td></td></tr>
</table>

4.3.2 参考分析

1. 刀具选择

刀具材料的选择及合理应用是十分重要的,目前切削加工中所用的刀具材料主要有高速钢、硬质合金等材料。根据加工材料,选择切削加工生产率、加工质量高的刀具。本例工件材料为硬铝,刀具选择刃口锋利、直线度好、精度高的高速钢整体立铣刀。

刀具使用时,考虑粗精加工刀具分开原则,防止精加工刀具过早地磨损。

根据图纸,考虑零件的结构,加工效率选用刀具,见表 4.6。

表 4.6 刀具卡片

刀具名称	刀具规格	材料	数量	刀 具 用 途	备注
立铣刀	ϕ12mm	高速钢	1	平面加工,轮廓粗加工	
立铣刀	ϕ8mm	高速钢	1	键槽的粗加工	
				轮廓精加工	
中心钻	ϕ3mm	高速钢	1	钻中心孔	
麻花钻	ϕ8mm	高速钢	1	钻 ϕ8mm 孔	

2. 切削参数选择

根据加工对象的材质,刀具的材质和规格,从金属切削参数书籍中查找刀具切削速度、每齿进给量,确定选用刀具的转速、进给速度,也可依据以往加工经验,确定切削参数。参考切削参数见表 4.7。

表 4.7 切削参数卡片

刀　　具	切削速度 v/(m/min)	每刃进量 f/(mm/刃)	主轴转速 S/(r/min)	进给速度 F/(mm/min)	备注
ϕ12mm 立铣刀	50	0.04	1300	200	
	80	0.035	2100	300	平面加工
ϕ8mm 立铣刀	45	0.03	1800	210	粗加工
	60	0.03	2400	280	精加工
ϕ3mm 中心钻	30	0.03	3200	200	
ϕ8mm 钻头	30	0.05	1200	120	

3. 切削深度 a_p

该零件材料为合金铝,轮廓深度最大加工量为 8mm,机床和刀具刚度能够满足加工要求,因此每个轮廓加工深度按图纸标注尺寸加工即可,不需分层加工。

4. 工艺规程安排

通过图纸分析,零件各轮廓加工工艺安排如表 4.8 所示。

表 4.8 零件工序卡片

<table>
<tr><td colspan="2">单位</td><td colspan="3">产品名称及型号</td><td colspan="2">零件名称</td><td>零件图号</td></tr>
<tr><td colspan="2"></td><td colspan="3"></td><td colspan="2">简单零件</td><td></td></tr>
<tr><td>工序</td><td>程序编号</td><td colspan="3">夹具名称</td><td colspan="2">使用设备</td><td>工件材料</td></tr>
<tr><td>1</td><td>O0001</td><td colspan="3">精密平口钳</td><td colspan="2">VMC850</td><td>LY12</td></tr>
<tr><td>工步</td><td>工步内容</td><td>刀号</td><td>刀具及切削用量</td><td colspan="2">备注</td><td colspan="2">工序简图</td></tr>
<tr><td>1</td><td>铣平面,加工原点设定在工件上表面中心</td><td>T01</td><td>ϕ12mm 立铣刀
S=2100r/min
F=300mm/min
a_p=0.3mm</td><td colspan="2">采用试切法</td><td colspan="2"></td></tr>
</table>

续表

工步	工步内容	刀号	刀具及切削用量	备注	工序简图
2	钻 5 个 ϕ8mm 孔的定位中心孔	T02	ϕ3mm 中心钻 $S=3200$r/min $F=200$mm/min $a_p=3$mm		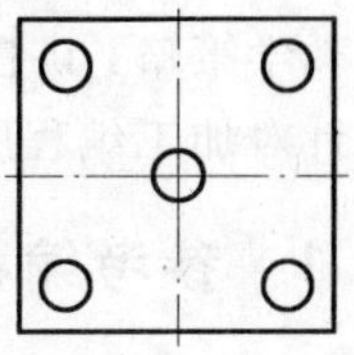
3	钻 5 个 ϕ8mm 孔,深 19mm	T03	ϕ8mm 钻头 $S=1200$r/min $F=120$mm/min $a_p=2$mm		
4	粗铣由 (7 ± 0. 02) mm、R14mm、R7mm、R3. 5mm 尺寸构成的高 (8 ± 0. 03) mm 凸台,留余量 0. 2mm	T01	ϕ12mm 立铣刀 $S=1300$r/min $F=200$mm/min $a_p=8$mm	增加辅助轮廓,径向分两次切削,去除余量	
5	粗铣 $48_{-0.04}^{0}$ mm × $48_{-0.04}^{0}$ mm,深 20mm 的方,留余量 0. 2mm	T01	ϕ12mm 立铣刀 $S=1300$r/min $F=200$mm/min $a_p=20$mm		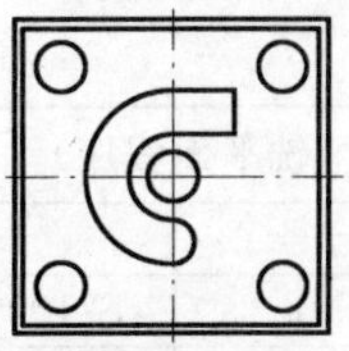
6	粗铣两个深 (13 ± 0. 03) mm,半径为 R15mm 的圆弧和两个深 (13 ± 0. 03) mm,宽 15mm 的沉槽,留余量 0. 2mm	T01	ϕ12mm 立铣刀 $S=1300$r/min $F=200$mm/min $a_p=13$mm		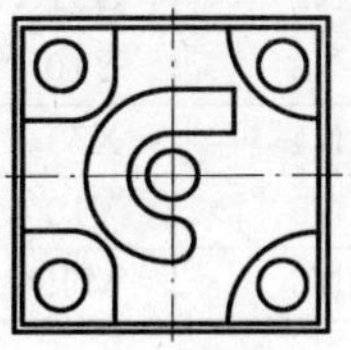
7	粗铣宽 $10_{0}^{+0.05}$ mm 深(12± 0. 03)mm 的键槽,留余量 0. 2mm	T04	ϕ8mm 立铣刀 $S=1000$r/min $F=210$mm/min $a_p=12$mm		
8	精铣由 (7 ± 0. 02) mm、R14mm、R7mm、R3. 5mm 尺寸构成的高 (8 ± 0. 03) mm 凸台至尺寸	T04	ϕ8mm 立铣刀 $S=2400$r/min $F=280$mm/min $a_p=8$mm		
9	精铣 $48_{-0.04}^{0}$ mm × $48_{-0.04}^{0}$ mm,深 20mm 的方至尺寸	T04	ϕ8mm 立铣刀 $S=2400$r/min $F=280$mm/min $a_p=20$mm		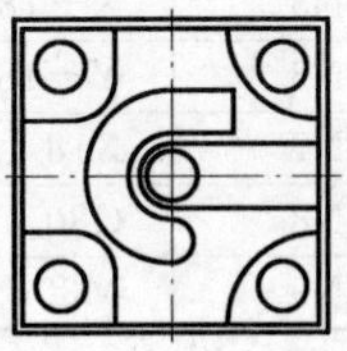
10	精铣两个深 (13 ± 0. 03) mm,半径为 R15mm 的圆弧和两个深 (13 ± 0. 03) mm,宽 15mm 的沉槽至尺寸	T04	ϕ8mm 立铣刀 $S=2400$r/min $F=280$mm/min $a_p=13$mm		
11	精铣宽 $10_{0}^{+0.05}$ mm 深(12± 0. 03)mm 的键槽至尺寸	T04	ϕ8mm 立铣刀 $S=2400$r/min $F=280$mm/min $a_p=12$mm		

4.4 程序编制

教学策略：讲授法、提问法、反馈强化。

针对加工编程所选择的加工方式、切削参数的设置逐一讲解。

4.4.1 参考编程

1. 坐标旋转指令(G68,G69)

格式：G17 G68 X_ Y_ R_；　　坐标旋转

G69；　　取消坐标旋转

说明：X、Y 为旋转中心坐标值；R 为旋转角度。

2. 加工程序

O1；(铣平面程序)

行号	程　序	解　释
N1	S2100 M03	给定主轴转速
N2	G91 G01 X－70 F300	给定 *X* 的增量坐标以及进给速度
N3	Y10	给定 *Y* 的增量坐标
N4	X70	
N5	Y10	
N6	M99	返回主程序

O2；(钻中心孔)

行号	程　序	解　释
N1	G90 G54 G00 X0 Y0 S3200 M03	定位起始点
N2	G43 H2 Z100	调用 2 号刀具，定位起始高度
N3	G98 G81 X0 Y0 R3 Z－2 F200	用 G83 指令钻孔，深度为 2mm
N4	X18 Y18	
N5	X－18	
N6	Y－18	
N7	X18	
N8	G80	用 G80 取消钻孔
N9	M30	程序停止并返回程序头

O3；(钻 5 个 ϕ8mm 孔，深 19mm)

行号	程　序	解　释
N1	G90 G54 G00 X0 Y0 S1200 M03	定位起始点
N2	G43 H3 Z100	调用 3 号刀具，定位起始高度
N3	G98 G83 X0 Y0 R3 Z－19 Q2 F120	用 G83 指令钻孔，深度为 19mm
N4	X18 Y18	

续表

行号	程　　序	解　　释
N5	X−18	
N6	Y−18	
N7	X18	
N8	G80	用 G80 取消钻孔
N9	M30	程序停止并返回程序头

O4；(铣由(7±0.02)mm、*R*14mm、*R*7mm、*R*3.5mm 尺寸构成的高(8±0.03)mm 凸台)

行号	程　　序	解　　释
N1	G90 G54 G00 X35 Y35 S1300 M03	定位起始点
N2	G43 H1 Z100	定位起始高度
N3	Z5 M08	快速移动到安全高度
N4	G01 Z−8 F200	慢速移动到切削深度
N5	G41 D1 X10	执行刀具半径补偿指令(G41 左刀补)
N6	Y14	
N7	X0	
N8	G03 Y7 R7	
N9	G02 Y14 R3.5	
N10	Y14 R14	
N11	G1 X35	
N12	G40 Y35	取消刀具半径补偿指令
N13	G0 Z100	快速移动，将刀提到起始高度
N14	M30	程序结束

O5；(铣 $48_{-0.04}^{0}$ mm×$48_{-0.04}^{0}$ mm，深 20mm 的方)

行号	程　　序	解　　释
N1	G90 G54 G00 X35 Y35 S1300 M3	定位起始点
N2	G43 H1 Z100	调用 1 号刀长补，定位起始高度
N3	Z5 M08	快速移动到安全高度
N4	G01 Z−20 F200	慢速移动到切削深度
N5	G41 D1 X24	执行刀具半径补偿指令(G41 左刀补)
N6	Y−24	
N7	X−24	
N8	Y24	
N9	X35	
N10	G40 Y35	取消刀具半径补偿指令
N11	G00 Z100	快速移动，将刀提到起始高度
N12	M30	程序结束

(铣两个深(13±0.03)mm,半径为 R15mm 的圆弧和两个深(13±0.03)mm,宽 15mm 的沉槽)

O6;(主程序)

行号	程　序	解　释
N1	G90 G54 G00 X0 Y0 S1300 M03	定位起始点
N2	G43 H1 Z100	调用 1 号刀长补,定位起始高度
N3	Z5 M08	快速移动到安全高度
N4	M98 P100	调用 O100 号子程序
N5	G68 X0 Y0 R90	利用旋转指令加工
N6	M98 P100	调用 O100 号子程序
N7	G00 Z100	快速移动,将刀提到起始高度
N8	M30	程序结束

O100;(子程序)

行号	程　序	解　释
N1	X24 Y−35	快速定位
N2	G01 Z−13 F200	慢速移动到切削深度
N3	G41 D1 Y−9	执行刀具半径补偿指令
N4	G3 X9 Y−24 R15	
N5	G00 Z5	快速移动,将刀提到安全高度
N6	G40 X−24 Y35	取消刀具半径补偿指令
N7	G01 Z−13 F200	
N8	G41 D1 Y9	
N9	X−9,R8	
N10	Y25	
N11	G40 X0 Y0	取消刀具半径补偿指令
N12	G00 Z150	快速移动将刀提到起始高度
N13	M99	返回主程序

O9;(铣宽 $10^{+0.05}_{0}$ mm,深(12±0.03)mm 的键槽)

N1	G90 G54 G00 X35 Y0 S1800 M03	定位起始点
N2	G43 H4 Z100	调用 4 号刀长补,定位起始高度
N3	Z5 M08	快速移动到安全高度
N4	G01 Z−12 F210	移动到切削深度
N5	G41 D1 X30 Y5	执行刀具半径补偿指令
N6	X0	
N7	G03 X0 Y−5 R5	
N8	G01 X35	
N9	G00 Z100	取消刀具半径补偿指令
N10	G40 X0 Y0	快速移动,将刀提到起始高度
N11	M30	程序结束

4.4.2　学生自主编程

学生独立完成程序编制，选择相应的加工方式并设置切削参数，经过程序校验，确定正确后，填写表 4.9 加工程序清单。

表 4.9　加工程序清单

序号	程序号	刀具	刀具号	刀具长度补偿号	备注

4.5　加工前准备

1. 机床准备(表 4.10)

表 4.10　机床准备卡片

设备检查	机械部分				电器部分		数控系统部分			辅助部分	
	主轴部分	进给部分	刀库部分	润滑部分	主电源	冷却风扇	电器元件	控制部分	驱动部分	冷却	润滑
检查情况											
注：经检查后该部分完好，在相应项目下打“√”；若出现问题及时报修。											

2. 工件安装

(1) 精密平口虎钳安装牢固，位置方向要正确。

(2) 工件夹紧牢固。

(3) 工件安装的高度正确，夹具不能与刀具发生干涉。

(4) 工作坐标系设定要正确。

3. 刀具安装及加工参数设置

(1) 铣刀伸出长度尽可能地短，以增加刀具的刚性。

(2) 安装的刀具号要对应好。

(3) 刀具的补偿数值应输入在与程序中该刀具相对应的刀补号中。

4.6　实际零件加工

1. 教师演示

(1) 工件的装夹、找正及坐标系设置。

(2) 刀具的参数设置。

(3) 加工程序的编制和程序输入。

(4) 加工过程中的切削用量的调整。

2. 学生加工训练

训练过程中,指导教师巡回指导,及时纠正不正确的操作姿势、解决学生练习中出现的各种问题。

4.7 零件测量

教学策略:讲授法、互动法。

零件的加工质量的高低,取决于加工尺寸与零件图纸的符合度,取决于零件尺寸测量的准确度。在对加工零件测量时采用讲授法介绍量具的选择和校正,示范零件尺寸的测量,以便学生掌握尺寸测量的方法;实际测量中可以采用同组学生互测、教师抽测的方法,检测零件的加工质量,积累测量经验,提高学生的质量意识。

4.7.1 参考检测工艺

该零件有由(7±0.02)mm、R14mm、R7mm、R3.5mm 尺寸构成的,高(8±0.03)mm 的凸台;$48_{-0.04}^{\ 0}$mm×$48_{-0.04}^{\ 0}$mm,深(20±0.1)mm 的方;宽 $10_{\ 0}^{+0.05}$mm 深(12±0.03)mm 的键槽;两个深(13±0.03)mm,半径为 R15mm 的圆弧;两个深(13±0.03)mm,宽 15mm 的沉槽;5 个 ϕ8mm,深 19mm 的孔构成。

1. 检测 $48_{-0.04}^{\ 0}$mm、(7±0.02)mm、$18_{-0.05}^{\ 0}$mm 尺寸

用 0.01 精度的千分尺测量该尺寸 3 个不同位置,根据测量结果和被测尺寸的公差要求判断是否合格。

2. 检测(8±0.03)mm、(12±0.03)mm、(13±0.03)mm 尺寸

用 0.01 精度的深度千分尺测量该尺寸 3 个不同位置,根据测量结果和被测尺寸的公差要求判断是否合格。

3. 检测 $10_{\ 0}^{+0.05}$mm 尺寸

用 0.01 精度的内测千分尺测量该尺寸 3 个不同位置,根据测量结果和被测尺寸的公差要求判断是否合格。

4. 检测 15mm、20mm 尺寸

用 0.02 精度的游标卡尺按深度测量的方法测量该尺寸 3 个不同位置,根据测量结果和被测尺寸的公差要求判断是否合格。

5. 检验ϕ8mm 孔尺寸

用 0.02 精度的游标卡尺测量该尺寸 3 个不同位置，根据测量结果和被测尺寸的公差要求判断是否合格。

6. 检验 *R*15mm 尺寸

用 R 规检验，根据测量轮廓和 R 规符合程度判断是否合格。

7. 检查表面粗糙度 *Ra*3.2

用表面粗糙度比较样板进行比较验定表面粗糙度。

4.7.2 检测并填写记录表

教学策略：个人检测、教师抽验。

由检测同学按评分表检测零件尺寸；检测结果与图纸尺寸进行比较，从中发现问题尺寸并找出检测出现不同结果的原因，最后由教师对学生的零件进行抽样检测，并针对出现的问题集中解释出现测量误差的原因及提出改进的方法。

4.8 加工误差分析及后续处理

教学策略：学生反馈、讲授法、提问法。

针对学生出现加工误差并及时反馈的情况，教师进行集中汇总，针对出现的较多情况采用讲授的方法来指导学生了解出现的原因；对于出现几率不多或没有出现的情况，教师采用提问的方法引导学生自主分析加工误差产生的原因。

加工中心机床铣削加工过程中产生精度降低的原因是多方面的，经常遇到的加工误差有多种，其问题、产生的原因、预防和消除的措施见表 3.11。

4.9 课题小结

1. 教学策略：小组汇报、教师总结

通过小组汇报的方式，教师可以以小组为单位了解各组的工件完成情况及存在的问题，并有针对性地提出下一步的教学方案，对操作较好的学生提出提高方案，对技能情况掌握不理想的学生提出改进意见。

教师以本课题中提出的学习目标总结学生实际掌握的情况及存在的问题，为下一阶段的学习打下基础。

2. 课题考核方式：日常考核

首先以课题提出的评分标准为一定的考核依据，同时配合学生实际操作中的不同阶段予以分别考核，如学生的操作规范、工件加工、零件检测等环节。

4.10 综合评价

1. 自我评价(表 4.11)

表 4.11 自我评价表

<table>
<tr><td colspan="2">课题名称</td><td></td><td>课时</td><td colspan="4"></td></tr>
<tr><td colspan="2">课题自我评价成绩</td><td></td><td>任课教师</td><td colspan="4"></td></tr>
<tr><td>类别</td><td>序号</td><td>自我评价项目</td><td>结果</td><td>A</td><td>B</td><td>C</td><td>D</td></tr>
<tr><td rowspan="5">编程</td><td>1</td><td>程序是否能顺利完成加工</td><td colspan="5" rowspan="3"></td></tr>
<tr><td>2</td><td>程序是否满足零件的工艺要求</td></tr>
<tr><td>3</td><td>编程的格式及关键指令是否能正确使用</td></tr>
<tr><td>4</td><td colspan="2">题目：通过该零件编程你的收获主要有哪些？
作答：</td><td></td><td></td><td></td><td></td></tr>
<tr><td>5</td><td colspan="2">题目：你设计本程序的主要思路是什么？
作答：</td><td></td><td></td><td></td><td></td></tr>
<tr><td rowspan="4">工件
刀具
安装</td><td>1</td><td>刀具安装是否正确</td><td colspan="5" rowspan="2"></td></tr>
<tr><td>2</td><td>工件安装是否正确</td></tr>
<tr><td>3</td><td colspan="2">题目：安装刀具时需要注意的事项主要有哪些？
作答：</td><td></td><td></td><td></td><td></td></tr>
<tr><td>4</td><td colspan="2">题目：安装工件时需要注意的事项主要有哪些？
作答：</td><td></td><td></td><td></td><td></td></tr>
<tr><td rowspan="4">操作
与加工</td><td>1</td><td>操作是否规范</td><td colspan="5" rowspan="2"></td></tr>
<tr><td>2</td><td>切削用量是否符合加工要求</td></tr>
<tr><td>3</td><td colspan="2">题目：加工时需要注意的事项主要有哪些？
作答：</td><td></td><td></td><td></td><td></td></tr>
<tr><td>4</td><td colspan="2">题目：加工时经常出现的加工误差主要有哪些？
作答：</td><td></td><td></td><td></td><td></td></tr>
</table>

续表

类别	序号	自我评价项目	结果	A	B	C	D
精度检测	1	是否了解本零件测量需要的各种量具及其使用					
	2	题目：本零件精度检测的主要内容是什么？采用了何种方法？ 作答：					
（本部分综合成绩）合计：							
自我总结							
学生签字： 年　月　日			指导教师签字： 年　月　日				

2. 小组互评(表 4.12)

表 4.12　小组互评表

序号	小组评价项目	评价情况
1	学习态度是否积极主动	
2	是否服从教师的教学安排和管理	
3	着装是否符合标准	
4	是否按照安全规范操作	
5	能否辨别工作环境中哪些是危险的因素	
6	是否合理规范地使用工具和量具	
7	是否遵守学习场所的规章制度	
8	能否正确地对待肯定与否定的意见	
9	团队学习中主动与合作的情况如何	

参与评价同学签名：

年　月　日

3. 教师评价

教师总体评价：

教师签字：________

年　月　日

模块 5

槽类特征零件的加工

学习目的

(1) 能够正确识读图纸,编制零件加工工艺;
(2) 能合理选择槽类轮廓加工刀具;
(3) 能正确编制槽类特加工程序;
(4) 能够合理设置加工参数,实现零件加工;
(5) 能正确使用常用量具检测零件尺寸精度;
(6) 掌握零件的内轮廓加工方法和技巧;
(7) 养成良好的职业习惯。

学习要求

(1) 掌握零件加工工艺的制定;
(2) 能够完成腰型槽、直槽加工,尺寸公差等级达 IT8,表面粗糙度达 $Ra3.2\mu m$;
(3) 学习使用内测千分尺测量的方法及技巧。

学习重点

(1) 学习并掌握内轮廓的程序编制;
(2) 学习内轮廓加工方法。

学习难点

(1) 学习内轮廓程序编制;
(2) 学习内轮廓粗精加工余量控制;
(3) 学习加工零件尺寸的准确测量及精度控制。

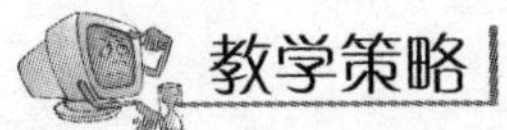

教学策略

课堂讲授+现场练习，演练法、互动法。

对于零件工艺分析环节可以首先采用互动的方法使同学们展开讨论，随后教师通过课堂点评和讲授的方式提出较为合理的工艺路线，切削用量选择采用课堂讲授法；零件的检测采用演练法。

教师课前准备

1. 教学用具

授课计划、纸质及电子教案、课件、黑板、粉笔、多媒体设备、实物样件等。

2. 教学管理物品

实训过程记录表、实训成绩评价标准、实训报告评分标准、实训室使用记录表、仪器设备维护保养卡等。

3. 检查实训设备

开机前检查机床外观各部位是否存在异常，如防护罩、脚踏板等部位；检查机床润滑油液是否充足；检查机床面板各旋钮状态；开机后检查机床是否存在报警，正确返回机床参考点操作。

4. 训练用具(表 5.1)

表 5.1　训练用具清单

序号	类别	名称	规格	数量	备注
1	材料	LY12	50mm×50mm×30mm	1块	
2	刀具	高速钢立铣刀	ϕ12mm，ϕ8mm	各1支	
		麻花钻	ϕ8mm	1支	
		中心钻	A3	1支	
3	夹具	精密平口虎钳	0～300mm	1套	
4	量具	游标卡尺	0～150mm	1把	
		千分尺	0～25mm，25～50mm	各1把	
		深度千分尺	0～25mm	1把	
		内测千分尺	5～30mm	1把	
5	工具	铣夹头		2个	
		钻夹头		1个	
		弹簧夹套	ϕ12mm，ϕ8mm	各1个	与刀具配套
		平行垫铁		1副	
		油石		1支	

学生课前准备

(1) 理论知识点准备：了解数控编程常用指令的含义，了解各固定循环指令的含义及编写格式。

(2) 教材及学习用具准备：本教材、学习笔记、笔等。

(3) 衣着准备：穿戴好工作服、工作帽、工作鞋。

学习导入

(1) 由检查、提问理论知识导入：通过对编程基本知识提问，了解学生对编程基础知识掌握情况。

(2) 由生动的实例导入：通过事物，引入简单零件加工模块。

(3) 本模块学习过程如图 2.1 所示。

5.1 零件图纸与技术要求

零件图纸与评分表见图 5.1 及表 5.2。

表 5.2 零件检测项目及评分表(配分 100 分) 实得分________

序号	考核项目	考核内容及精度要求	配分	评分标准	实测结果	得分
1	轮廓尺寸	$48_{-0.04}^{0}$(2 处)	18	超差全扣		
2		$45_{-0.04}^{0}$	9	超差全扣		
3		$44_{-0.04}^{0}$	9	超差全扣		
4		$31_{-0.04}^{0}$	9	超差全扣		
5		$10_{0}^{+0.05}$	9	超差全扣		
6		$\phi8$(3 处)	6	超差全扣		
7		$R5$(5 处)	5	超差全扣		
8		$R8$	3	超差全扣		
9		$C10$	3	超差全扣		
10		$R14\pm0.05$	6	超差全扣		
11		$R4$(2 处)	6	超差全扣		
12	其他	表面粗糙度 $Ra3.2$	5	超差面扣分		
13		棱边倒钝	2	超差全扣		
14		图形完整	5	不完整全扣		
15		文明生产	5	违规操作全扣		

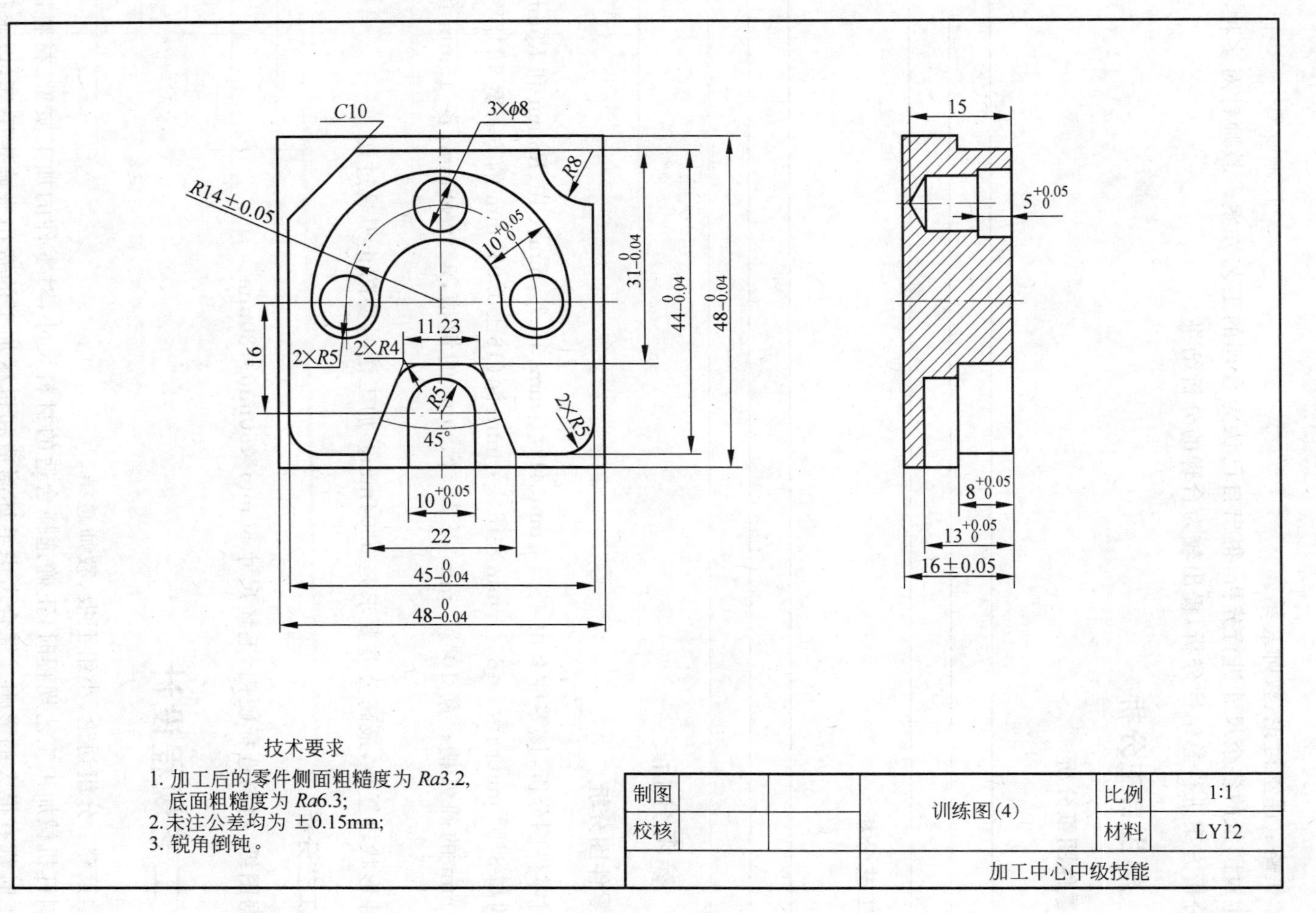

C10
3×ϕ8
R8
R14±0.05
10+0.05 0
31-0.04 0
44-0.04 0
48-0.04 0
11.23
2×R4
2×R5
16
R5
2×R5
45°
10+0.05 0
22
45-0.04 0
48-0.04 0
15
5+0.05 0
8+0.05 0
13+0.05 0
16±0.05
技术要求
1. 加工后的零件侧面粗糙度为 Ra3.2，
底面粗糙度为 Ra6.3；
2. 未注公差均为 ±0.15mm；
3. 锐角倒钝。
制图
校核
训练图(4)
比例 1:1
材料 LY12
加工中心中级技能

图 5.1 零件图

5.2 图纸分析

教学策略：课堂讨论、教师总结。

学生对图纸的各个尺寸进行分析，得出自己认为合理的工艺方案。教师针对多种不同的图纸分析方案进行总结性分析，提出较为合理的分析结果。

5.2.1 学生自主分析

1. 零件图纸分析

____

____

____

2. 工艺分析

____

____

____

5.2.2 参考分析

1. 零件图分析

通过零件图分析，该零件有由 $45_{-0.04}^{\ 0}$mm、$44_{-0.04}^{\ 0}$mm、$31_{-0.04}^{\ 0}$mm、$C10$、$R8$mm 和 $R5$mm 尺寸构成的高 $8_{\ 0}^{+0.05}$mm 凸台；$48_{-0.04}^{\ 0}$mm×$48_{-0.04}^{\ 0}$mm，深(16±0.05)mm 的方；宽 $10_{\ 0}^{+0.05}$mm 深 $5_{\ 0}^{+0.05}$mm 的圆弧槽；宽 $10_{\ 0}^{+0.05}$mm 深 $13_{\ 0}^{+0.05}$mm 的键槽，3 个 $\phi8$mm，深 15mm 的孔构成。

零件形状较复杂，最高公差要求是 0.04mm。加工槽时要防止刀具过切。

2. 工艺分析

依据图纸，材料选择硬铝，毛坯尺寸 50mm×50mm×30mm。

5.3 工艺规程设计

教学策略：分组讨论、小组汇报、教师总结。

在制订机械加工工艺规程时，正确选择合适的材料尺寸，对零件的加工质量、材料消耗和加工工时都有很大的影响。综合考虑毛坯制造和机械加工的费用来确定毛坯，以求得最好的经济效益。

以分组讨论的形式对零件提出整体的加工方案，小组得出统一方案后集中汇总、汇报。教师针对多种不同的加工方案进行分析，并提出较为合理的工艺路线。

5.3.1　学生自主设计

1. 刀具选择(表 5.3)

表 5.3　刀具卡片

刀具名称	刀具规格	材料	数量	刀具用途	备注

2. 切削参数选择(表 5.4)

表 5.4　切削参数卡片

刀具	切削速度 $v/(\mathrm{m/min})$	每刃进给量 $f/(\mathrm{mm/刃})$	主轴转速 $S/(\mathrm{r/min})$	进给速度 $F/(\mathrm{mm/min})$	备注

3. 工艺规程安排(表 5.5)

表 5.5　工序卡片(可附表)

<table>
<tr><td colspan="3">单位</td><td colspan="3">产品名称及型号</td><td colspan="2">零件名称</td><td>零件图号</td></tr>
<tr><td colspan="3"></td><td colspan="3"></td><td colspan="2"></td><td></td></tr>
<tr><td>工序号</td><td colspan="2">程序编号</td><td colspan="3">夹具名称</td><td colspan="2">使用设备</td><td>工件材料</td></tr>
<tr><td></td><td colspan="2"></td><td colspan="3"></td><td colspan="2"></td><td></td></tr>
<tr><td>工步</td><td>工步内容</td><td colspan="2">刀号</td><td>切削用量</td><td colspan="2">备注</td><td colspan="2">工序简图</td></tr>
<tr><td></td><td></td><td colspan="2"></td><td></td><td colspan="2"></td><td colspan="2"></td></tr>
<tr><td></td><td></td><td colspan="2"></td><td></td><td colspan="2"></td><td colspan="2"></td></tr>
<tr><td></td><td></td><td colspan="2"></td><td></td><td colspan="2"></td><td colspan="2"></td></tr>
</table>

5.3.2　参考分析

1. 刀具选择

刀具材料的选择及合理应用是十分重要的,目前切削加工中所用的刀具材料主要有高速钢、硬质合金、陶瓷和人造金刚石、立方氮化硼等材料。根据加工材料,选择切削加工生产率、加工质量高的刀具。本例工件材料为硬铝,刀具选择刃口锋利、直线度好、精度高的高速钢整体立铣刀。

刀具使用时,考虑粗精加工刀具分开原则,防止精加工刀具过早的磨损。

根据图纸,考虑零件的结构,切削加工生产率选用刀具,如表 5.6 所示。

表 5.6 刀具卡片

刀具名称	刀具规格	材料	数量	刀具用途	备注
立铣刀	ϕ12mm	高速钢	1	平面加工，轮廓粗加工	
立铣刀	ϕ8mm	高速钢	1	槽的粗加工	
				轮廓精加工	
中心钻	ϕ3mm	高速钢	1	钻中心孔	
麻花钻	ϕ8mm	高速钢	1	钻 ϕ8mm 孔	

2. 切削参数选择

根据加工对象的材质，刀具的材质和规格，从金属切削参数书籍中查找刀具切削速度、每齿进给量，确定选用刀具的转速、进给速度，也可依据以往加工经验，确定切削参数。参考切削参数见表 5.7。

表 5.7 切削参数卡片

刀具	切削速度 v/(m/min)	每刃进量 f/(mm/刃)	主轴转速 S/(r/min)	进给速度 F/(mm/min)	备注
ϕ12m 立铣刀	50	0.04	1300	200	
	80	0.035	2100	300	平面加工
ϕ8mm 立铣刀	45	0.03	1800	210	粗加工
	60	0.03	2400	280	精加工
ϕ3mm 中心钻	30	0.03	3200	200	
ϕ8mm 钻头	30	0.05	1200	120	

3. 切削深度 a_p

该零件材料为合金铝，轮廓深度最大加工量为 8mm，机床和刀具刚度能够满足加工要求，因此每个轮廓加工深度按图纸标注尺寸加工即可，不需分层加工。

4. 工艺规程安排

零件各个特征加工工艺安排如表 5.8 所示。

表 5.8 零件工序卡片

<table>
<tr><td colspan="2">单位</td><td colspan="3">产品名称及型号</td><td colspan="2">零件名称</td><td>零件图号</td></tr>
<tr><td colspan="2"></td><td colspan="3"></td><td colspan="2">简单零</td><td></td></tr>
<tr><td>工序</td><td>程序编号</td><td colspan="3">夹具名称</td><td colspan="2">使用设备</td><td>工件材料</td></tr>
<tr><td>1</td><td>O0001</td><td colspan="3">精密平口钳</td><td colspan="2">VMC850</td><td>LY12</td></tr>
<tr><td>工步</td><td>工步内容</td><td>刀号</td><td>刀具及切削用量</td><td colspan="2">备注</td><td colspan="2">工序简图</td></tr>
<tr><td>1</td><td>铣平面，加工原点设定在工件上表面中心</td><td>T01</td><td>ϕ12mm 立铣刀
S=2100r/min
F=300mm/min
a_p=0.3mm</td><td colspan="2"></td><td colspan="2"></td></tr>
</table>

续表

工步	工步内容	刀号	刀具及切削用量	备注	工序简图
2	钻 3 个 ϕ8mm 孔的定位中心孔	T02	ϕ3mm 中心钻 $S=3200$r/min $F=200$mm/min $a_p=3$mm		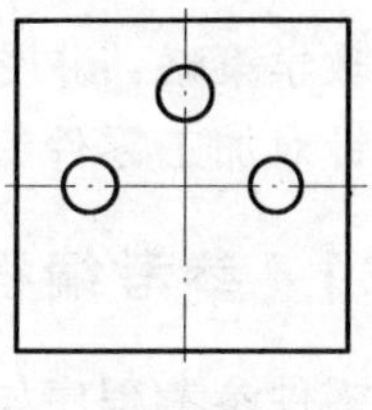
3	钻 3 个 ϕ8mm 孔，深 15mm	T03	ϕ8mm 钻头 $S=1200$r/min $F=120$mm/min $a_p=2$mm		
4	粗铣由 $45_{-0.04}^{0}$mm、$44_{-0.04}^{0}$mm、$31_{-0.04}^{0}$mm、$C10$、$R8$mm 和 $R5$mm 尺寸构成的高 $8_{0}^{+0.05}$ mm 凸台，留余量 0.2mm	T01	ϕ12mm 立铣刀 $S=1300$r/min $F=200$mm/min $a_p=8$mm		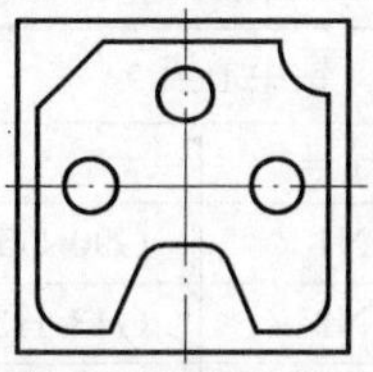
5	粗铣 $48_{-0.04}^{0}$ mm×$48_{-0.04}^{0}$ mm 深(16±0.05)mm 的方，留余量 0.2mm	T01	ϕ12mm 立铣刀 $S=1300$r/min $F=200$mm/min $a_p=16$mm		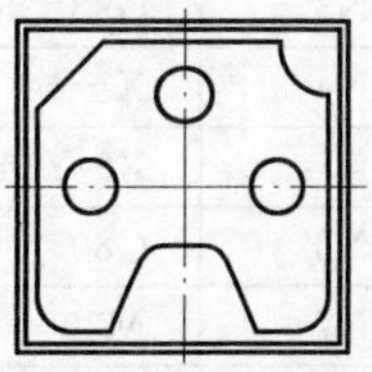
6	粗铣宽 $10_{0}^{+0.05}$ mm，深 $5_{0}^{+0.05}$mm 的圆弧槽，留余量 0.2mm	T04	ϕ8mm 立铣刀 $S=1800$r/min $F=210$mm/min $a_p=5$mm		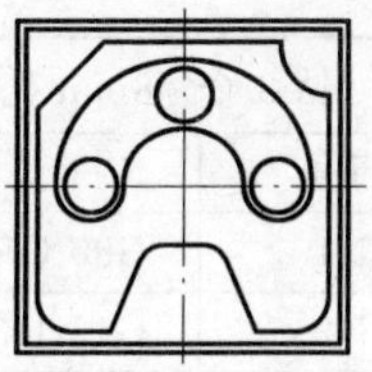
7	粗铣宽 $10_{0}^{+0.05}$ mm，深 $13_{0}^{+0.05}$mm 的键槽，留余量 0.2mm	T04	ϕ8mm 立铣刀 $S=1800$r/min $F=210$mm/min $a_p=13$mm		
8	精铣由 $45_{-0.04}^{0}$mm、$44_{-0.04}^{0}$mm、$31_{-0.04}^{0}$mm、$C10$、$R8$mm 和 $R5$mm 尺寸构成的高 $8_{0}^{+0.05}$mm 凸台至图纸尺寸	T04	ϕ8mm 立铣刀 $S=2400$r/min $F=280$mm/min $a_p=8$mm		
9	精铣 $48_{-0.04}^{0}$ mm×$48_{-0.04}^{0}$ mm 深(16±0.05)mm 的方至图纸尺寸	T04	ϕ8mm 立铣刀 $S=2400$r/min $F=280$mm/min $a_p=16$mm		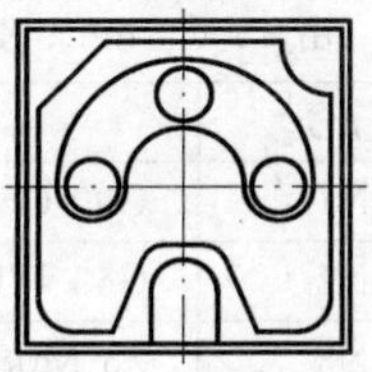
10	精铣宽 $10_{0}^{+0.05}$ mm，深 $5_{0}^{+0.05}$mm 的圆弧槽至图纸尺寸	T04	ϕ8mm 立铣刀 $S=2400$r/min $F=280$mm/min $a_p=5$mm		
11	精铣宽 $10_{0}^{+0.05}$ mm，深 $13_{0}^{+0.05}$mm 的键槽至图纸尺寸	T04	ϕ8mm 立铣刀 $S=2400$r/min $F=280$mm/min $a_p=13$mm		

5.4 程序编制

教学策略：讲授法、提问法、反馈强化。

针对加工零件编程所选择的加工方式、切削参数的设置逐一讲解。

5.4.1 参考编程

零件参考程序如下。

O1；(钻中心孔)

行号	主 程 序	解 释
N1	G90 G54 G00 X0 Y0 S3200 M03	定位起始点
N2	G43 H2 Z100	调用 2 号刀具，定位起始高度
N3	G98 G81 X0 Y14 R3 Z−2 F200	用 G83 指令钻孔，深度为 2mm
N4	X−14 Y0	
N5	X0 Y14	
N6	G80	用 G80 取消钻孔
N7	M30	程序停止并返回程序头

O2；(钻 3 个 ϕ8mm 孔，深 15mm)

行号	主 程 序	解 释
N1	G90 G54 G00 X35 Y35 S1200 M03	定位起始点
N2	G43 H3 Z100	调用 3 号刀具，定位起始高度
N3	G98 G83 X0 Y14 R3 Z−15 Q2 F80	用 G83 指令钻孔，深度为 15mm
N4	X−14 Y0	
N5	X0 Y14	
N6	G80	用 G80 取消钻孔
N7	M30	程序停止并返回程序头

O3；(由 $45_{-0.04}^{0}$mm、$44_{-0.04}^{0}$mm、$31_{-0.04}^{0}$mm 为主要尺寸构成的高 $8_{0}^{+0.05}$mm 凸台)

行号	主 程 序	解 释
N1	G90 G54 G00 X35 Y35 S1300 M03	定位起始点
N2	G43 H1 Z100	调用刀具长度，定位安全高度
N3	Z5 M08	
N4	G01 Z−8 F200	
N5	G41 D2 X22.5	执行刀具半径补偿指令
N6	Y−22，R5	
N7	X11	
N8	X5.615 Y−9	
N9	X−5.615	

续表

行号	主 程 序	解 释
N10	X－11 Y－22	
N11	X－22,R5	
N12	Y22,C10	
N13	X14.5	
N14	G03 X22.5 Y14 R8	
N15	G40 X35 Y35	取消刀具半径补偿
N16	G00 Z100	快速提刀到起始高度
N17	M30	程序停止并返回程序头

O4；（铣 $48_{-0.04}^{0}$ mm×$48_{-0.04}^{0}$ mm,深 16mm 方的程序）

行号	主 程 序	解 释
N1	G90 G54 G00 X35 Y35 S1200 M3	定位起始点
N2	G43 H1 Z100	调用 1 号刀,定位起始高度
N3	Z5 M08	快速降到安全高度
N4	G01 Z－16 F200	
N5	G41 D1 X24	执行刀具半径补偿指令
N6	Y－24	
N7	X－24	
N8	Y24,R10	用 G01 指令倒圆角
N9	X35	
N10	G40 Y35	取消刀具半径补偿指令
N11	G00 Z100	快速提刀到起始高度
N12	M30	程序停止并返回程序头

O5；（铣宽 $10_{0}^{+0.05}$ mm,深 $5_{0}^{+0.05}$ mm 的圆弧槽程序）

行号	主 程 序	解 释
N1	G90 G54 G00 X14 Y0 S1800 M03	定位起始点
N2	G43 H4 Z100	调用刀具长度,定位起始高度
N3	Z5 M8	
N4	G01 Z－5 F50	
N5	G41 D4 X19 F200	执行刀具半径补偿指令
N6	G03 X－19 Y0 R19	
N7	G03 X－9 Y0 R5	
N8	G02 X9 Y0 R9	
N9	G03 X19 Y0 R5	
N10	G01 G40 X14	取消刀具半径补偿
N11	G00 Z100	快速定位到起始高度
N12	M30	程序停止并返回程序头

O6;(铣宽 $10^{+0.05}_{0}$ mm,深 $13^{+0.05}_{0}$ mm 的键槽)

行号	主 程 序	解 释
N1	G90 G54 G00 X0 Y0 S1800 M03	定位起始点
N2	G43 H2 Z100	调用刀具长度,定位起始高度
N3	Z5 M08	
N4	G41 D2 X5 Y−30	执行刀具半径补偿指令
N5	G01 Z−13 F210	
N6	Y−16	
N7	G03 X−5 Y0 R5	
N8	G01 Y−30	
N9	G40 X0	取消刀具半径补偿
N10	G00 Z100	快速定位到安全高度
N11	M30	程序停止并返回程序头

5.4.2 学生自主编程

学生独立完成程序编制,选择相应的加工方式并设置切削参数,经过程序校验,确定正确后,填写表 5.9 加工程序清单。

表 5.9 加工程序清单

序号	程序号	刀具	刀具号	刀具长度补偿号	备注

5.5 加工前准备

1. 机床准备(表 5.10)

表 5.10 机床准备卡片

	机械部分				电器部分		数控系统部分			辅助部分	
设备检查	主轴部分	进给部分	刀库部分	润滑部分	主电源	冷却风扇	电器元件	控制部分	驱动部分	冷却	润滑
检查情况											
注:经检查后该部分完好,在相应项目下打"√";若出现问题及时报修。											

2. 工件安装

(1) 精密平口虎钳安装牢固,位置方向要正确。
(2) 工件夹紧力适当,安装牢固。
(3) 工件安装的高度正确,夹具不能与刀具发生干涉。
(4) 工作坐标系设定要正确。

3. 刀具安装及加工参数设置

(1) 铣刀伸出长度尽可能地短,以增加刀具的刚性。
(2) 安装的刀具号要对应好。
(3) 刀具的补偿数值应输入在与程序中该刀具相对应的刀补号中。

5.6　实际零件加工

1. 教师演示

(1) 工件的装夹、找正及坐标系设置。
(2) 刀具的准备、安装及参数设置。
(3) 加工过程中的切削用量的调整。

2. 学生加工训练

训练过程中,指导教师巡回指导,及时纠正不正确的操作姿势、解决学生练习中出现的各种问题。

5.7　零件测量

教学策略:讲授法、互动法。

零件加工质量的高低,取决于加工尺寸与图纸的符合度,取决于零件尺寸测量的准确度。采用讲授法将量具的选择、校正及测量方法再次提出,以便加深学生的印象;实际测量中可以采用同组学生互测、教师抽测的方法,检测零件的加工质量,积累测量经验,提高学生的质量意识。

5.7.1　参考检测工艺

1. 检测 $48_{-0.04}^{0}$ mm、$45_{-0.04}^{0}$ mm、$44_{-0.04}^{0}$ mm、$31_{-0.04}^{0}$ mm 尺寸

用 0.01 精度的千分尺测量该尺寸 3 个不同位置,根据测量结果和被测尺寸的公差要求判断是否合格。

2. 检测两处 $10^{+0.05}_{0}$mm 尺寸

用0.01精度的内测千分尺测量该尺寸3个不同位置，根据测量尺寸和被测尺寸的公差要求判断是否合格。

3. 检测 $8^{+0.05}_{0}$mm、$5^{+0.05}_{0}$mm、$13^{+0.05}_{0}$mm、(16±0.05)mm 尺寸

用0.01精度的深度千分尺测量该尺寸3个不同位置，根据测量结果和被测尺寸的公差要求判断是否合格。

4. 检验 ϕ8mm 孔尺寸

用0.02精度的游标卡尺测量该尺寸3个不同位置，根据测量结果和被测尺寸的公差要求判断是否合格。

5. 检验 *R*8mm、*R*5mm、*R*4mm 尺寸

用R规检验，根据测量轮廓和R规符合程度判断是否合格。

6. 检验 *C*10 倒角尺寸

用0.02精度的游标卡尺和角度尺测量该尺寸，根据测量结果和被测尺寸的公差要求判断是否合格。

7. 检查表面粗糙度 *Ra*3.2

用表面粗糙度比较样本进行比较验定表面粗糙度。

5.7.2 检测并填写记录表

教学策略：个人检测、教师抽验。

由检测同学按评分表检测零件尺寸；检测结果与图纸尺寸进行比较，从中发现问题尺寸并找出检测出现不同结果的原因，最后由教师对学生的零件进行抽样检测，并针对出现的问题分析出现测量误差的原因及提出改进的方法。

5.8 加工误差分析及后续处理

1. 教学策略：学生反馈、讲授法、提问法

针对学生出现的加工误差及时进行情况反馈，教师进行集中汇总，针对出现的较多情况采用讲授法指导学生了解原因；对于出现几率不多或没有出现的情况，教师采用提问的方法引导学生自主分析加工误差产生的原因。

2. 加工误差分析

加工中心机床上进行铣削加工过程中产生精度降低的原因是多方面的，经常遇到的加工误差有多种，其问题现象、产生的原因、预防和消除的措施见表5.11。

表5.11 加工误差分析及后续处理

问题现象	产生原因	预防和消除
尺寸超差	1. 刀具数据不准确 2. 切削用量选择不当产生让刀 3. 程序错误 4. 零件图绘制错误	1. 调整或重新设定刀具数据 2. 合理选择切削用量 3. 检查、修改加工程序 4. 正确绘制零件图
深度尺寸不一致	1. 工件装夹校正不正确 2. 装夹不牢靠，加工过程中产生松动 3. 刀具磨损	1. 工件装夹校正准确 2. 装夹工件准确牢靠 3. 更换刀具
表面有振纹	1. 工件装夹不正确 2. 刀具安装不正确 3. 切削参数不正确	1. 检查工件安装，增加安装刚性 2. 调理刀具安装位置 3. 提高或降低切削速度
切削过程中刀具折断	1. 进给量过大 2. 切削深度过大 3. 切屑阻塞	1. 降低进给速度 2. 减小切削深度 3. 浇注充足冷却液及时排屑
表面粗糙度差	1. 切削速度过低 2. 切削液选用不合理 3. 刀具切削刃不锋利	1. 调高主轴转速 2. 选择正确的切削液，并充分喷注 3. 选择刀刃锋利刀具

5.9 课题小结

1. 教学策略：小组汇报、教师总结

通过小组汇报的方式，教师可以以小组为单位了解各组的工件完成情况及存在的问题，并有针对性地提出下一步的教学方案，对操作较好的学生提出提高方案，对技能情况掌握不理想的学生提出改进意见。

教师以本课题中提出的学习目标总结学生实际掌握的情况及存在的问题，为下一阶段的学习打下基础。

2. 考核方式：日常考核

首先以课题提出的评分标准为一定的考核依据，同时配合学生实际操作中的不同阶段予以分别考核，如学生的操作规范、工件加工、零件检测等环节。

5.10 综合评价

1. 自我评价(表 5.12)

表 5.12 自我评价表

课题名称			课时				
课题自我评价成绩			任课教师				
类别	序号	自我评价项目	结果	A	B	C	D
编程	1	程序是否能顺利完成加工					
	2	程序是否满足零件的工艺要求					
	3	编程的格式及关键指令是否能正确使用					
	4	题目：通过该零件编程你的收获主要有哪些？ 作答：					
	5	题目：你设计本程序的主要思路是什么？ 作答：					
工件刀具安装	1	刀具安装是否正确					
	2	工件安装是否正确					
	3	题目：安装刀具时需要注意的事项主要有哪些？ 作答：					
	4	题目：安装工件时需要注意的事项主要有哪些？ 作答：					
操作与加工	1	操作是否规范					
	2	切削用量是否符合加工要求					
	3	题目：加工时需要注意的事项主要有哪些？ 作答：					
	4	题目：加工时经常出现的加工误差主要有哪些？ 作答：					

续表

类别	序号	自我评价项目	结果	A	B	C	D
精度检测	1	是否了解本零件测量需要的各种量具及其使用					
	2	题目：本零件精度检测的主要内容是什么？采用了何种方法？ 作答：					
（本部分综合成绩）合计：							
自我总结							
学生签字： 年　月　日			指导教师签字： 年　月　日				

2. 小组互评(表 5.13)

表 5.13　小组互评表

序号	小组评价项目	评价情况
1	学习态度是否积极主动	
2	是否服从教师的教学安排和管理	
3	着装是否符合标准	
4	是否按照安全规范操作	
5	能否辨别工作环境中哪些是危险的因素	
6	是否合理规范地使用工具和量具	
7	是否遵守学习场所的规章制度	
8	能否正确地对待肯定与否定的意见	
9	团队学习中主动与合作的情况如何	

参与评价同学签名：

年　月　日

3. 教师评价

教师总体评价：

教师签字：________

年　月　日

模块 6

凹槽和六方轮廓的加工

学习目的

(1) 能够合理安排零件加工工艺;
(2) 熟练掌握加工程序的编制;
(3) 熟练设置零件加工参数,完成零件加工;
(4) 养成良好的职业习惯。

学习要求

(1) 学习零件加工工艺的制定;
(2) 学习加工程序的编制;
(3) 能够操作数控机床完成零件的加工,尺寸公差等级达 IT8,表面粗糙度达 $Ra3.2\mu m$;
(4) 学习零件尺寸测量的方法及技巧。

学习重点

(1) 学习使用 G16/G15 极坐标指令进行程序编制;
(2) 学习零件加工工艺的制定。

学习难点

(1) 学习 G16/G15 极坐标指令在加工中的应用;
(2) 学习加工尺寸的准确测量及精度控制。

教学策略

课堂讲授+现场练习,演练法、互动法。

对于零件图进行分析，加工工艺分析环节可以首先采用互动的方法使同学们展开讨论，随后教师通过课堂点评和讲授的方式提出较为合理的工艺路线，对轮廓加工程序和注意点进行课堂讲授；零件的检测采用演练法。

教师课前准备

1. 教学用具

授课计划、纸质及电子教案、课件、黑板、粉笔、多媒体设备、实物样件等。

2. 教学管理物品

实训过程记录表、实训成绩评价标准、实训报告评分标准、实训室使用记录表、仪器设备维护保养卡等。

3. 检查实训设备

开机前检查机床外观各部位是否存在异常，如防护罩、脚踏板等部位；检查机床润滑油液是否充足；检查机床面板各旋钮状态；开机后检查机床是否存在报警，正确返回机床参考点操作。

4. 训练用具(表 6.1)

表 6.1　训练用具清单

序号	类别	名　　称	规　　格	数量	备注
1	材料	LY12	50mm×50mm×35mm	1 块	
2	刀具	高速钢立铣刀	ϕ12mm，ϕ8mm	各 1 支	
		麻花钻	ϕ5.8mm	1 支	
		中心钻	A3	1 支	
3	夹具	精密平口虎钳	0～300mm	1 套	
4	量具	游标卡尺	0～150mm	1 把	
		千分尺	0～25mm，25～50mm	各 1 把	
		深度千分尺	0～25mm	1 把	
		内测千分尺	5～30mm	1 把	
5	工具	铣夹头		2 个	
		钻夹头		1 个	
		弹簧夹套	ϕ12mm，ϕ8mm	各 1 个	与刀具配套
		平行垫铁		1 副	
		油石		1 支	

学生课前准备

(1) 理论知识点准备：具备编制一般零件加工工艺的能力，掌握编制零件加工程序的基本方法。

(2) 教材及学习用具准备：本教材、学习笔记、笔等。

(3) 衣着准备：穿戴好工作服、工作帽、工作鞋。

学习导入

(1) 由检查、提问理论知识导入：通过对编程基本知识提问，了解学生对编程掌握情况。

(2) 由生动的实例导入：通过事物，引入零件加工模块。

(3) 本模块学习过程如图 2.1 所示。

6.1 零件图纸与评分标准

零件图纸及评分标准见图 6.1 及表 6.2。

表 6.2 零件检测项目及评分标准(配分 100 分) 得分________

序号	考核项目	考核内容及精度要求	配分	评分标准	实测结果	得分
1	轮廓尺寸	48±0.02(2 处)	8	超差全扣		
2		$21.651_{-0.04}^{0}$(3 处)	8	超差全扣		
3		$44^{+0.05}_{0}$	9	超差全扣		
4		$13.5^{+0.05}_{0}$(2 处)	10	超差全扣		
5		$17^{+0.05}_{0}$	10	超差全扣		
6		$4^{+0.05}_{0}$	9	超差全扣		
7		$8^{+0.05}_{0}$	5	超差全扣		
8		$17^{+0.06}_{0}$	5	超差全扣		
9		ϕ5.8(2 处)	6	超差全扣		
10		22(2 处)				
11		R5.5(4 处)	5	超差全扣		
12		28	5	超差全扣		
13	其他	表面粗糙度 Ra3.2	5	超差面扣分		
14		棱边倒钝	2	超差全扣		
15		图形完整	5	不完整全扣		
16		文明生产	3	违规操作全扣		

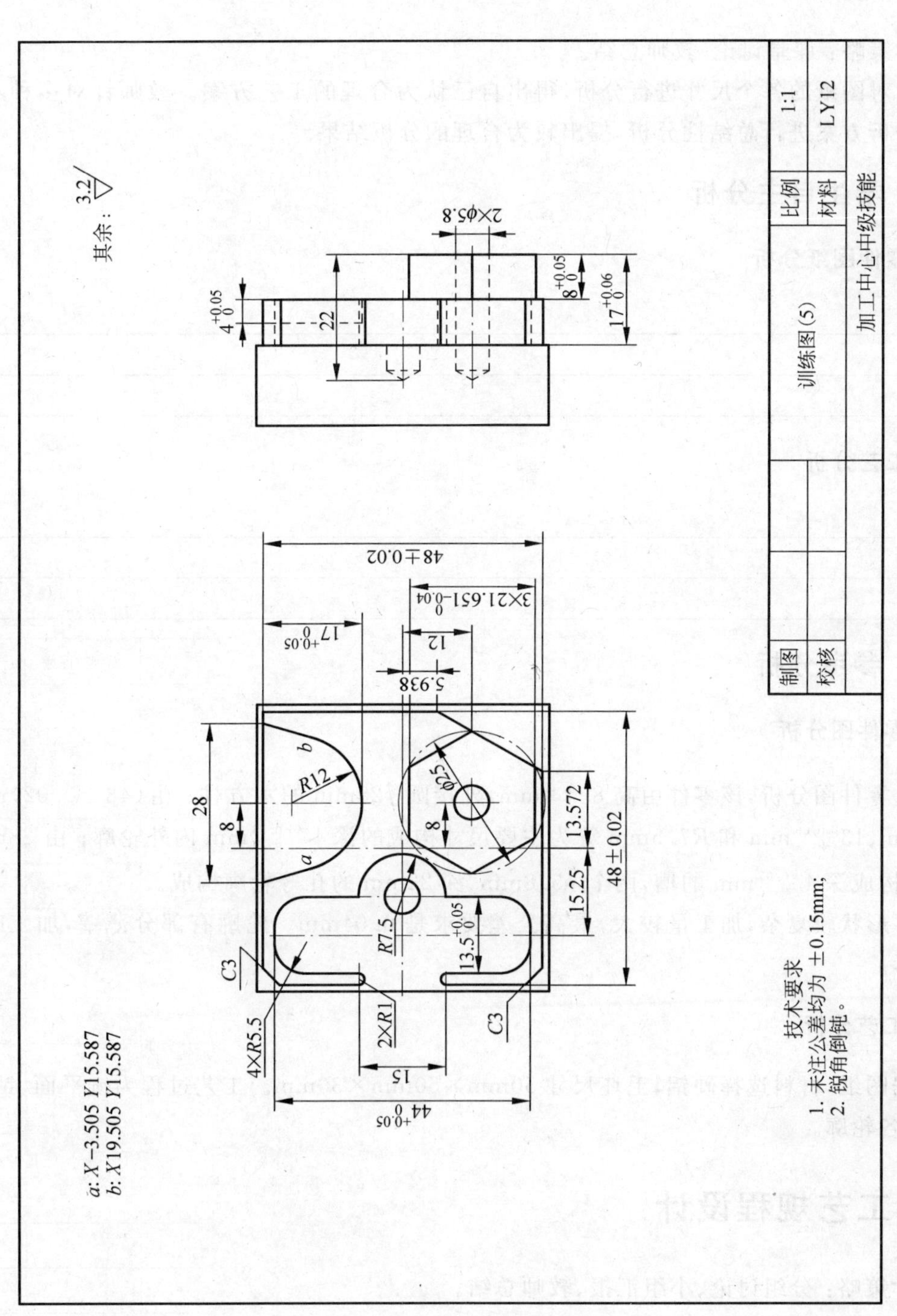

其余：3.2
2×φ5.8
$4^{+0.05}_{0}$
22
$8^{+0.05}_{0}$
$17^{+0.06}_{0}$
48±0.02
$3×21.651^{0}_{-0.04}$
$17^{+0.05}_{0}$
12
5.938
28
8
R12
b
a
φ25
8
13.572
15.25
48±0.02
R7.5
$13.5^{+0.05}_{0}$
C3
4×R5.5
2×R1
15
C3
$44^{+0.05}_{0}$
a: X−3.505 Y15.587
b: X19.505 Y15.587
技术要求
1. 未注公差均为 ±0.15mm;
2. 锐角倒钝。
比例 1:1
材料 LY12
训练图 (5)
制图
校核
加工中心中级技能

图 6.1 零件图

6.2 图纸分析

教学策略：课堂讨论、教师总结。

学生对图纸的各个尺寸进行分析，得出自己认为合理的工艺方案。教师针对多种不同的图纸分析方案进行总结性分析，提出较为合理的分析结果。

6.2.1 学生自主分析

1. 零件图纸分析

____

____

____

2. 工艺分析

____

____

____

6.2.2 参考分析

1. 零件图分析

通过零件图分析，该零件由高 $8^{+0.05}_{0}$mm，外接圆 $\phi25$mm 的六方柱；由(48 ± 0.02)mm、$44^{+0.05}_{0}$mm、$13^{+0.05}_{0}$mm 和 $R7.5$mm 等为主要尺寸构成的深 $17^{+0.06}_{0}$mm 内外轮廓；由 28mm、$R12$mm 构成深 $4^{+0.05}_{0}$mm 的槽，两个 $\phi5.8$mm，深 22mm 的孔等轮廓构成。

零件形状较复杂，加工量较大，最高公差要求是 0.04mm。轮廓有部分薄壁，加工时要防止变形。

2. 工艺分析

依据图纸，材料选择硬铝，毛坯尺寸 50mm×50mm×30mm。工艺过程为铣平面、钻孔、粗、精铣各轮廓。

6.3 工艺规程设计

教学策略：分组讨论、小组汇报、教师总结。

以分组讨论的形式对零件提出整体的加工方案，小组得出统一方案后集中汇总、汇报。教师针对多种不同的加工方案进行分析，并提出较为合理的工艺路线。

6.3.1　学生自主设计

1. 刀具选择(表 6.3)

表 6.3　刀具卡片

刀具名称	刀具规格	材料	数量	刀具用途	备注

2. 切削参数选择(表 6.4)

表 6.4　切削参数卡片

刀具	切削速度 v/(m/min)	每刃进给量 f/(mm/刃)	主轴转速 S/(r/min)	进给速度 F/(mm/min)	备注

3. 工艺规程安排(表 6.5)

表 6.5　工序卡片(可附表)

<table>
<tr><td colspan="3">单位</td><td colspan="3">产品名称及型号</td><td colspan="2">零件名称</td><td>零件图号</td></tr>
<tr><td colspan="3"></td><td colspan="3"></td><td colspan="2"></td><td></td></tr>
<tr><td>工序号</td><td colspan="2">程序编号</td><td colspan="3">夹具名称</td><td colspan="2">使用设备</td><td>工件材料</td></tr>
<tr><td></td><td colspan="2"></td><td colspan="3"></td><td colspan="2"></td><td></td></tr>
<tr><td>工步</td><td>工步内容</td><td colspan="2">刀号</td><td>切削用量</td><td colspan="2">备注</td><td colspan="2">工序简图</td></tr>
<tr><td></td><td></td><td colspan="2"></td><td></td><td colspan="2"></td><td colspan="2"></td></tr>
<tr><td></td><td></td><td colspan="2"></td><td></td><td colspan="2"></td><td colspan="2"></td></tr>
<tr><td></td><td></td><td colspan="2"></td><td></td><td colspan="2"></td><td colspan="2"></td></tr>
</table>

6.3.2　参考分析

1. 刀具选择

本例工件材料为硬铝,刀具选择刃口锋利、直线度好、精度高的高速钢整体立铣刀。刀具使用时,六方柱和深 $4^{+0.05}_{0}$ mm 的槽,应选择较大直径的刀具,提高加工效率,深 $17^{+0.06}_{0}$ mm 轮廓受形状限制,选择 ϕ8mm 立铣刀。考虑粗精加工刀具分开原则,精加工时选用 ϕ8mm 立铣刀。孔加工选用中心钻和 ϕ5.8mm 钻头即可。选用刀具情况见表 6.6。

表 6.6 刀具卡片

刀具名称	刀具规格	材料	数量	刀 具 用 途	备注
立铣刀	ϕ12mm	高速钢	1	平面加工,轮廓粗	
立铣刀	ϕ8mm	高速钢	1	轮廓粗、精加工	
中心钻	ϕ3mm	高速钢	1	钻中心孔	
麻花钻	ϕ5.8mm	高速钢	1	钻 ϕ5.8mm 孔	

2. 切削参数选择

加工对象的材质为合金铝,根据刀具的材质和规格,从金属切削参数书籍中查找刀具切削速度、每齿进给量,确定选用刀具的转速、进给速度,也可依据以往加工经验,确定切削参数。参考切削参数见表 6.7。

表 6.7 切削参数卡片

刀　　具	切削速度 v/(m/min)	每刃进量 f/(mm/刃)	主轴转速 S/(r/min)	进给速度 F/(mm/min)	备注
ϕ12mm 立铣刀	50	0.04	1300	200	粗加工
ϕ8mm 立铣刀	45	0.03	1800	210	粗加工
	60	0.03	2400	280	精加工
ϕ3mm 中心钻	30	0.03	3200	200	
ϕ5.8mm 钻头	30	0.05	1400	140	

3. 切削深度 a_p

该零件材料为合金铝,轮廓深度最大加工量为 8mm,机床刚度能够满足加工要求,受凹圆弧 R5.5mm 的限制,该轮廓需选用 ϕ8mm 立铣刀加工,考虑刀具刚度和强度,轮廓须分层加工,其余轮廓加工深度按图纸标注尺寸加工即可,不需分层加工。

4. 工艺规程安排

在制定合理机械加工工艺规程,对零件的加工质量和加工工时都有很大的影响。零件各个轮廓加工工艺安排如表 6.8 所示。

表 6.8 零件工序卡片

<table>
<tr><td colspan="2">单位</td><td colspan="2">产品名称及型号</td><td>零件名称</td><td>零件图号</td></tr>
<tr><td colspan="2"></td><td colspan="2"></td><td>简单零件</td><td></td></tr>
<tr><td>工序</td><td>程序编号</td><td colspan="2">夹具名称</td><td>使用设备</td><td>工件材料</td></tr>
<tr><td>1</td><td>O0001</td><td colspan="2">精密平口钳</td><td>VMC850</td><td>LY12</td></tr>
<tr><td>工步</td><td>工步内容</td><td>刀号</td><td>刀具及切削用量</td><td>备注</td><td>工序简图</td></tr>
<tr><td>1</td><td>铣平面,加工原点设定在工件上表面中心</td><td>T01</td><td>ϕ12mm 立铣刀
S=2100r/min
F=300mm/min
a_p=0.3mm</td><td></td><td></td></tr>
</table>

续表

工步	工步内容	刀号	刀具及切削用量	备注	工序简图
2	钻两个 ϕ5.8mm 孔的定位中心孔	T02	ϕ3mm 中心钻 S=3200r/min F=200mm/min a_p=3mm		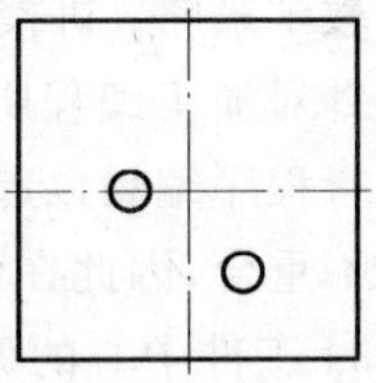
3	钻两个 ϕ5.8mm 孔,深 22mm	T03	ϕ5.8mm 钻头 S=1400r/min F=140mm/min a_p=2mm		
4	粗铣高 $8^{+0.05}_{0}$ mm,外接圆为 ϕ25mm 的六方柱,留余量 0.2mm	T01	ϕ12mm 立铣刀 S=1300r/min F=200mm/min a_p=8mm	径向分 3 次铣削	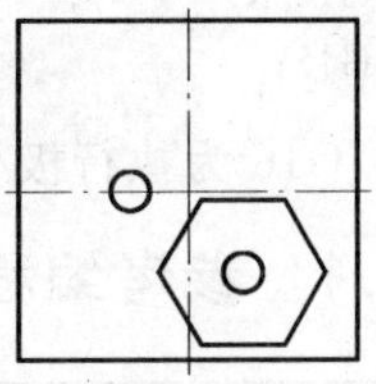
5	粗铣由 28mm 和 R12mm 尺寸构成深 $4^{+0.05}_{0}$ mm 的槽,留余量 0.2mm	T01	ϕ12mm 立铣刀 S=1300r/min F=200mm/min a_p=4mm		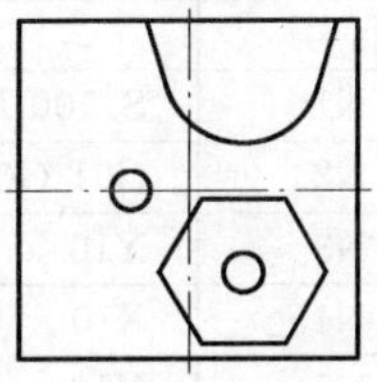
6	粗铣由(48±0.02)mm、$44^{+0.05}_{0}$ mm、$13^{+0.05}_{0}$ mm 和 R7.5mm 等为主要尺寸构成的深 $17^{+0.06}_{0}$ mm 内外轮廓,留余量 0.2mm	T04	ϕ8mm 立铣刀 S=1800r/min F=210mm/min a_p=4.5mm	分层铣削,每层 4.5mm	
7	精铣高 $8^{+0.05}_{0}$ mm,外接圆为 ϕ25mm 的六方柱至图纸尺寸	T04	ϕ8mm 立铣刀 S=2400r/min F=280mm/min a_p=8mm		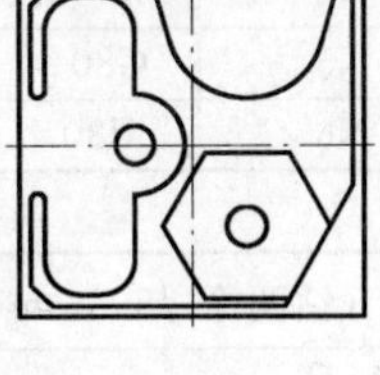
8	精铣由 28mm 和 R12mm 尺寸构成深 $4^{+0.05}_{0}$ mm 的槽至图纸尺寸	T04	ϕ8mm 立铣刀 S=2400r/min F=280mm/min a_p=4mm		
9	精铣由(48±0.02)mm、$44^{+0.05}_{0}$ mm、$13^{+0.05}_{0}$ mm 和 R7.5mm 等为主要尺寸构成的深 $17^{+0.06}_{0}$ mm 内外轮廓至图纸尺寸	T04	ϕ8mm 立铣刀 S=2400r/min F=280mm/min a_p=9mm		

6.4 程序编制

教学策略：讲授法、提问法、反馈强化。

针对加工编程所选择的加工方式、切削参数的设置逐一讲解。其中六边形需要用极坐标进行程序编辑以起到减少坐标计算，简化加工程序的目的，由于六边形中心与 G54 工件中心不重合，因此在使用极坐标前需要在 OFFSET 内 EXT 扩展坐标系中输入六边形中心与 G54 工件中心的偏置距离 X8. Y－12. 当然偏置的实现也可以采用 G52 X8. Y－12. 来实现。极坐标的指令格式需要注意。

G16 X __ Y __；
G15；

其中，G16 为执行极坐标指令；G15 为取消极坐标指令；X、Y 分别为极半径和极角。

6.4.1 参考编程

O1；(铣平面)

行号	主　程　序	解　　释
N1	S1500 M03	给定主轴转速
N2	G91 G01 X－70 F300	给定 X 的增量坐标以及进给速度
N3	Y10	给定 Y 的增量坐标
N4	X70	
N5	Y10	
N6	M99	返回程序头

O2；(钻中心孔)

行号	主　程　序	解　　释
N1	G90 G54 G00 X0 Y0 S3200 M03	定位起始点
N2	G43 H2 Z100	调用 2 号刀具，定位起始高度
N3	G98 G81 X8 Y－12 R3 Z－2 F200	用 G83 指令钻孔，深度为 2mm
N4	X－8.5 Y0	
N5	G80	用 G80 取消钻孔
N6	M30	程序停止并返回程序头

O3；(钻两个 ϕ5.8mm 孔程序)

行号	主　程　序	解　　释
N1	G90 G54 G00 X35 Y35 S1400 M03	定位起始点
N2	G43 H3 Z100	调用 3 号刀具，定位起始高度
N3	G98 G83 X8 Y－12 R3 Z－22 Q2 F140	用 G83 指令钻孔，深度为 22mm
N4	X－8.5 Y0	
N5	G80	用 G80 取消钻孔
N6	M30	程序停止并返回程序头

O4；(铣六方程序)采用 EXT 偏移 G54 工件坐标系至 X8. Y－12. 位置

行号	主　程　序	解　　释
N1	G90 G54 G00 X20 Y－20 S1300 M3	定位起始点
N2	G43 H1 Z100	调用 1 号刀长补，定位起始高度
N3	Z5 M08	快速移动到安全高度
N4	G01 Z－8 F200	慢速移动到切削深度
N5	G41 D1 Y－10.826	执行刀具半径补偿指令(G41 左刀补)
N6	G16 X12.5 Y－120	执行极坐标
N7	Y－180	
N8	Y－240	
N9	Y－300	
N10	Y0	
N11	Y－60	
N12	G15	
N13	X－20	
N14	G40 Y－20	取消刀具半径补偿指令
N15	X20	
N16	G00 Z100	快速移动，将刀提到起始高度
N17	M30	程序结束

O5；(铣由 28mm 和 R12mm 尺寸构成深 $4^{+0.05}_{0}$mm 的槽程序)

行号	主　程　序	解　　释
N1	G90 G54 G00 X0 Y0 S1300 M03	定位起始点
N2	G43 H1 Z100	调用 2 号刀长补，定位起始高度
N3	Z5 M08	快速移动到安全高度
N4	G41 D1 X－16 Y34	执行刀具半径补偿指令
N5	G01 Z－12 F200	慢速移动到切削深度
N6	X－6 Y24	
N7	X－3.505 Y15.587	
N8	G03 X19.505 Y15.587 R12	
N9	G01 X22 Y24	
N10	G40 X0 Y0	取消刀具半径补偿指令
N11	G00 Z100	快速移动，将刀提到起始高度
N12	M30	程序结束

O6；(铣由 48±0.02mm、$44^{+0.05}_{0}$mm 和 $13^{+0.05}_{0}$mm 等为主要尺寸构成的轮廓程序)

行号	主　程　序	解　　释
N1	G90 G54 G00 X35 Y35 S1800 M3	定位起始点
N2	G43 H4 Z100	调用 4 号刀长补，定位起始高度
N3	Z5 M08	快速移动到安全高度
N4	G41 D1 X24	执行刀具半径补偿指令(G41 左刀补)
N5	G01 Z－12.5 F210	第一层切削深度－12.5mm，第二层切削深度－17mm
N6	Y－5.938	
N7	X－24 Y13.572	

续表

行号	主 程 序	解 释
N8	X−24,C3	
N9	Y−7.5	
N10	G02 X−22 Y−7.5 R1	
N11	G01 Y−22,R5.5	
N12	X−8.5,R5.5	
N13	Y22,R5.5	
N14	X−22,R5.5	
N15	Y7.5	
N16	G02 X−24 R1	
N17	G01 Y24,C3	
N18	X25	
N19	G40 X0 Y0	取消刀具半径补偿指令
N20	G00 Z100	快速移动,将刀提到起始高度
N21	M30	程序结束

6.4.2 学生自主编程

学生独立完成程序编制,选择相应的加工方式并设置切削参数,经过程序校验,确定正确后,填写表 6.9 加工程序清单。

表 6.9 加工程序清单

序号	程序号	刀具	刀具号	刀具长度补偿号	备注

6.5 加工前准备

1. 机床准备

表 6.10 机床准备卡片

	机械部分				电器部分		数控系统部分			辅助部分	
设备检查	主轴部分	进给部分	刀库部分	润滑部分	主电源	冷却风扇	电器元件	控制部分	驱动部分	冷却	润滑
检查情况											
注:经检查后该部分完好,在相应项目下打"√";若出现问题及时报修。											

2. 工件安装

(1) 精密平口虎钳安装牢固,位置方向要正确。

(2) 工件夹紧力适当,安装牢固。

(3) 工件安装的高度正确,夹具不能与刀具发生干涉。

(4) 工作坐标系设定要正确。

3. 刀具安装及加工参数设置

(1) 铣刀伸出长度尽可能地短,以增加刀具的刚性。

(2) 安装的刀具号要对应好。

(3) 刀具的补偿数值应输入在与程序中该刀具相对应的刀补号中。

6.6　实际零件加工

训练过程中,指导教师巡回指导,及时纠正不正确的操作姿势、解决学生练习中出现的各种问题。

6.7　零件测量

教学策略:讲授法、互动法。

零件的加工质量的高低,取决于加工尺寸与零件图纸的符合度,取决于零件尺寸测量的准确度。采用讲授法将量具的选择、校正及测量的方法再次提出,以便加深学生的印象;实际测量中可以采用同组学生互测、教师抽测的方法,检测零件的加工质量,积累测量经验,提高学生的质量意识。

6.7.1　参考检测工艺

1. 检测 $48_{-0.04}^{0}$ mm、$45_{-0.04}^{0}$ mm、$44_{-0.04}^{0}$ mm、$31_{-0.04}^{0}$ mm 尺寸

用0.01精度的千分尺测量该尺寸3个不同位置,根据测量结果和被测尺寸的公差要求判断是否合格。

2. 检测两处 $10_{0}^{+0.05}$ mm 尺寸

用0.01精度的内测千分尺测量该尺寸3个不同位置,根据测量尺寸和被测尺寸的公差要求判断是否合格。

3. 检测 $8_{0}^{+0.05}$ mm、$5_{0}^{+0.05}$ mm、$13_{0}^{+0.05}$ mm、(16±0.05)mm 尺寸

用0.01精度的深度千分尺测量该尺寸3个不同位置,根据测量结果和被测尺寸的公差要求判断是否合格。

4. 检验 ϕ8mm 孔尺寸

用0.02精度的游标卡尺测量该尺寸3个不同位置,根据测量结果和被测尺寸的公差要求判断是否合格。

5. 检验 *R*8mm、*R*5mm、*R*4mm 尺寸

用 R 规检验,根据测量轮廓和 R 规符合程度判断是否合格。

6. 检验 *C*10 倒角尺寸

用 0.02 精度的游标卡尺和角度尺测量该尺寸,根据测量结果和被测尺寸的公差要求判断是否合格。

7. 检查表面粗糙度 *Ra*3.2

用表面粗糙度比较样本进行比较验定表面粗糙度。

6.7.2 检测并填写记录表

教学策略:个人检测、教师抽验。

由检测同学按评分表检测零件尺寸;检测结果与图纸尺寸进行比较,从中发现问题尺寸并找出检测出现不同结果的原因,最后由教师对学生的零件进行抽样检测,并针对出现的问题分析出现测量误差的原因及提出改进的方法。

6.8 加工误差分析及后续处理

1. 教学策略:学生反馈、讲授法、提问法

针对学生出现加工误差并及时反馈的情况,教师进行集中汇总,针对出现较多的情况采用讲授的方法来指导学生了解出现的原因;对于出现几率不多或没有出现的情况,教师采用提问的方法引导学生自主分析加工误差产生的原因。

2. 加工误差分析

加工中心机床上进行铣削加工过程中产生精度降低的原因是多方面的,经常遇到的加工误差有多种,其问题现象、产生的原因、预防和消除的措施见表 5.11。

6.9 课题小结

1. 教学策略:小组汇报、教师总结

通过小组汇报的方式,教师可以以小组为单位了解各组的工件完成情况及存在的问题,并有针对性地提出下一步的教学方案,对操作较好的学生提出提高方案,对技能情况掌握不理想的学生提出改进意见。

教师以本课题中提出的学习目标总结学生实际掌握的情况及存在的问题,为下一阶段的学习打下基础。

2. 考核方式:日常考核

首先以课题提出的评分标准为一定的考核依据,同时配合学生实际操作中的不同阶段予以分别考核,如学生的操作规范、工件加工、零件检测等环节。

6.10　综合评价

1. 自我评价(表 6.11)

表 6.11　自我评价表

<table>
<tr><td colspan="3">课题名称</td><td></td><td>课时</td><td colspan="4"></td></tr>
<tr><td colspan="3">课题自我评价成绩</td><td></td><td>任课教师</td><td colspan="4"></td></tr>
<tr><td>类别</td><td>序号</td><td colspan="2">自我评价项目</td><td>结果</td><td>A</td><td>B</td><td>C</td><td>D</td></tr>
<tr><td rowspan="5">编程</td><td>1</td><td colspan="2">程序是否能顺利完成加工</td><td></td><td></td><td></td><td></td><td></td></tr>
<tr><td>2</td><td colspan="2">程序是否满足零件的工艺要求</td><td></td><td></td><td></td><td></td><td></td></tr>
<tr><td>3</td><td colspan="2">编程的格式及关键指令是否能正确使用</td><td></td><td></td><td></td><td></td><td></td></tr>
<tr><td>4</td><td colspan="3">题目：通过该零件编程你的收获主要有哪些？
作答：</td><td></td><td></td><td></td><td></td></tr>
<tr><td>5</td><td colspan="3">题目：你设计本程序的主要思路是什么？
作答：</td><td></td><td></td><td></td><td></td></tr>
<tr><td rowspan="4">工件
刀具
安装</td><td>1</td><td colspan="2">刀具安装是否正确</td><td></td><td></td><td></td><td></td><td></td></tr>
<tr><td>2</td><td colspan="2">工件安装是否正确</td><td></td><td></td><td></td><td></td><td></td></tr>
<tr><td>3</td><td colspan="3">题目：安装刀具时需要注意的事项主要有哪些？
作答：</td><td></td><td></td><td></td><td></td></tr>
<tr><td>4</td><td colspan="3">题目：安装工件时需要注意的事项主要有哪些？
作答：</td><td></td><td></td><td></td><td></td></tr>
<tr><td rowspan="4">操作
与加工</td><td>1</td><td colspan="2">操作是否规范</td><td></td><td></td><td></td><td></td><td></td></tr>
<tr><td>2</td><td colspan="2">切削用量是否符合加工要求</td><td></td><td></td><td></td><td></td><td></td></tr>
<tr><td>3</td><td colspan="3">题目：加工时需要注意的事项主要有哪些？
作答：</td><td></td><td></td><td></td><td></td></tr>
<tr><td>4</td><td colspan="3">题目：加工时经常出现的加工误差主要有哪些？
作答：</td><td></td><td></td><td></td><td></td></tr>
</table>

续表

类别	序号	自我评价项目	结果	A	B	C	D
精度检测	1	是否了解本零件测量需要的各种量具及其使用					
	2	题目：本零件精度检测的主要内容是什么？采用了何种方法？ 作答：					
（本部分综合成绩）合计：							
自我总结							
学生签字： 年　月　日		指导教师签字： 年　月　日					

2．小组互评(表6.12)

表6.12　小组互评表

序号	小组评价项目	评价情况
1	学习态度是否积极主动	
2	是否服从教师的教学安排和管理	
3	着装是否符合标准	
4	是否按照安全规范操作	
5	能否辨别工作环境中哪些是危险的因素	
6	是否合理规范地使用工具和量具	
7	是否遵守学习场所的规章制度	
8	能否正确地对待肯定与否定的意见	
9	团队学习中主动与合作的情况如何	

参与评价同学签名：

年　月　日

3．教师评价

教师总体评价：

教师签字：____________

年　月　日

模块 7

综合零件加工

学习目的

(1) 能够识读综合零件图纸,编制零件加工工艺;
(2) 根据图纸合理作出刀具清单;
(3) 掌握综合零件的编程方法;
(4) 掌握零件的加工精度控制方法;
(5) 能正确选择量具检测零件尺寸精度;
(6) 养成良好的职业习惯。

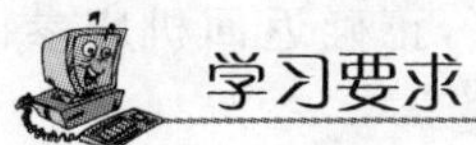

学习要求

(1) 完成综合零件加工工艺的制定;
(2) 选择合理的切削用量,编制零件正确的加工程序;
(3) 操作数控机床完成零件的加工,尺寸公差等级达 IT8,表面粗糙度达 $Ra3.2\mu m$;
(4) 完成零件尺寸精度的检测。

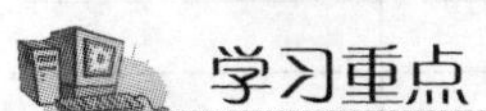

学习重点

(1) 学习零件加工工艺的制定;
(2) 学习零件加工程序的编制;
(3) 学习加工参数的正确设置。

学习难点

(1) 学习零件加工工艺的制定;
(2) 学习加工零件尺寸的准确测量及精度控制。

教学策略

课堂讲授+现场练习,演练法、互动法。

对于综合零件工艺分析环节可以首先采用互动的方法使同学们展开讨论,随后教师通过课堂点评和讲授的方式提出较为合理的工艺路线,对轮廓铣削和钻孔切削用量的选择进行课堂讲授;零件加工程序编制关键点的提醒;零件的检测采用演练法。

教师课前准备

1. 教学用具

授课计划、纸质及电子教案、课件、黑板、粉笔、多媒体设备、实物样件等。

2. 教学管理物品

实训过程记录表、实训成绩评价标准、实训报告评分标准、实训室使用记录表、仪器设备维护保养卡等。

3. 检查实训设备

开机前检查机床外观各部位是否存在异常,如防护罩、脚踏板等部位;检查机床润滑油液是否充足;检查机床面板各旋钮状态;开机后检查机床是否存在报警,正确返回机床参考点操作。

4. 训练用具(表7.1)

表7.1 训练用具清单

序号	类别	名称	规格	数量	备注
1	材料	LY12	50mm×50mm×35mm	1块	
2	刀具	高速钢立铣刀	ϕ12mm,ϕ8mm	各1支	
		中心钻	A3	1支	
		麻花钻	ϕ5.8mm	1支	
		机铰刀	ϕ6H7mm	1支	
3	夹具	精密平口虎钳	0~300mm	1套	
4	量具	游标卡尺	0~150mm	1把	
		千分尺	0~25mm,25~50mm	各1把	
		深度千分尺	0~25mm	1把	
		内测千分尺	5~30mm	1把	
5	工具	铣夹头		2个	
		钻夹头		1个	
		弹簧夹套	ϕ12mm,ϕ8mm	各1个	与刀具配套
		平行垫铁		1副	
		油石		1支	

学生课前准备

(1) 理论知识点准备：具备编制一般零件加工工艺的能力，掌握编制零件加工程序的基本方法。

(2) 教材及学习用具准备：本教材、学习笔记、笔等。

(3) 衣着准备：穿戴好工作服、工作帽、工作鞋。

学习导入

(1) 由检查、提问理论知识导入：通过对编程知识提问，了解学生对编程掌握情况。

(2) 由生动的实例导入：通过事物，引入零件加工模块。

(3) 本模块学习过程如图 2.1 所示。

7.1　零件图纸与评分标准

零件图纸与评分标准见图 7.1 及表 7.2。

表 7.2　零件检测项目及评分表(配分 100 分)　　　　得分________

序号	考核项目	考核内容及精度要求	配分	评分标准	实测结果	得分
1	轮廓尺寸	48±0.02(2 处)	10	超差全扣		
2		28±0.02	5	超差全扣		
3		2±0.02(2 处)	10	超差全扣		
4		$14_{-0.05}^{0}$(3 处)	12	超差全扣		
5		$11.5_{-0.05}^{0}$	5	超差全扣		
6		1.5±0.03	5	超差全扣		
7		$4_{0}^{+0.05}$	5	超差全扣		
8		$5_{0}^{+0.05}$	5	超差全扣		
9		$10_{0}^{+0.05}$	5	超差全扣		
10		$\phi6_{0}^{+0.018}$(3 处)	12	超差全扣		
11		36.5	2	超差全扣		
12		$C2$(2 处)	2	超差全扣		
13		$R20$,$R8$,$R3$(各 2 处)	6	超差全扣		
14		15	2	超差全扣		
15	其他	表面粗糙度	5	超差面扣分		
16		棱边倒钝	2	超差全扣		
17		图形完整	4	不完整全扣		
18		文明生产	3	违规操作全扣		

其余 3.2
1.6
3×φ6$^{+0.018}_{0}$ 深 15
$4^{+0.05}_{0}$
$10^{+0.05}_{0}$
$5^{+0.05}_{0}$
18
20
(30)
技术要求
1. 曲线圆角过渡光滑；
2. 锐角倒钝；
3. 未注公差为 ±0.15。
0.05 A
48±0.02
14.275
3×14$^{0}_{-0.05}$
2×R5.75
C2
36.5
R43.882
11.5$^{0}_{-0.05}$
R4
1.5±0.03
2×R8
8
48±0.02
2×(50)
A
2×2±0.02
15
28±0.02
2×R3
2×R20
a: X=20.641 Y=19.504
b: X=15.859 Y=9.046
c: X=−20.018 Y=18.140
d: X=−16.482 Y=10.410
e: X=−22.000 Y=−3.600
f: X=−6.457 Y=−6.266
g: X=−3.771 Y=1.333
训练图(6)
比例 1:1
材料 LY12
制图
校核
加工中心中级技能

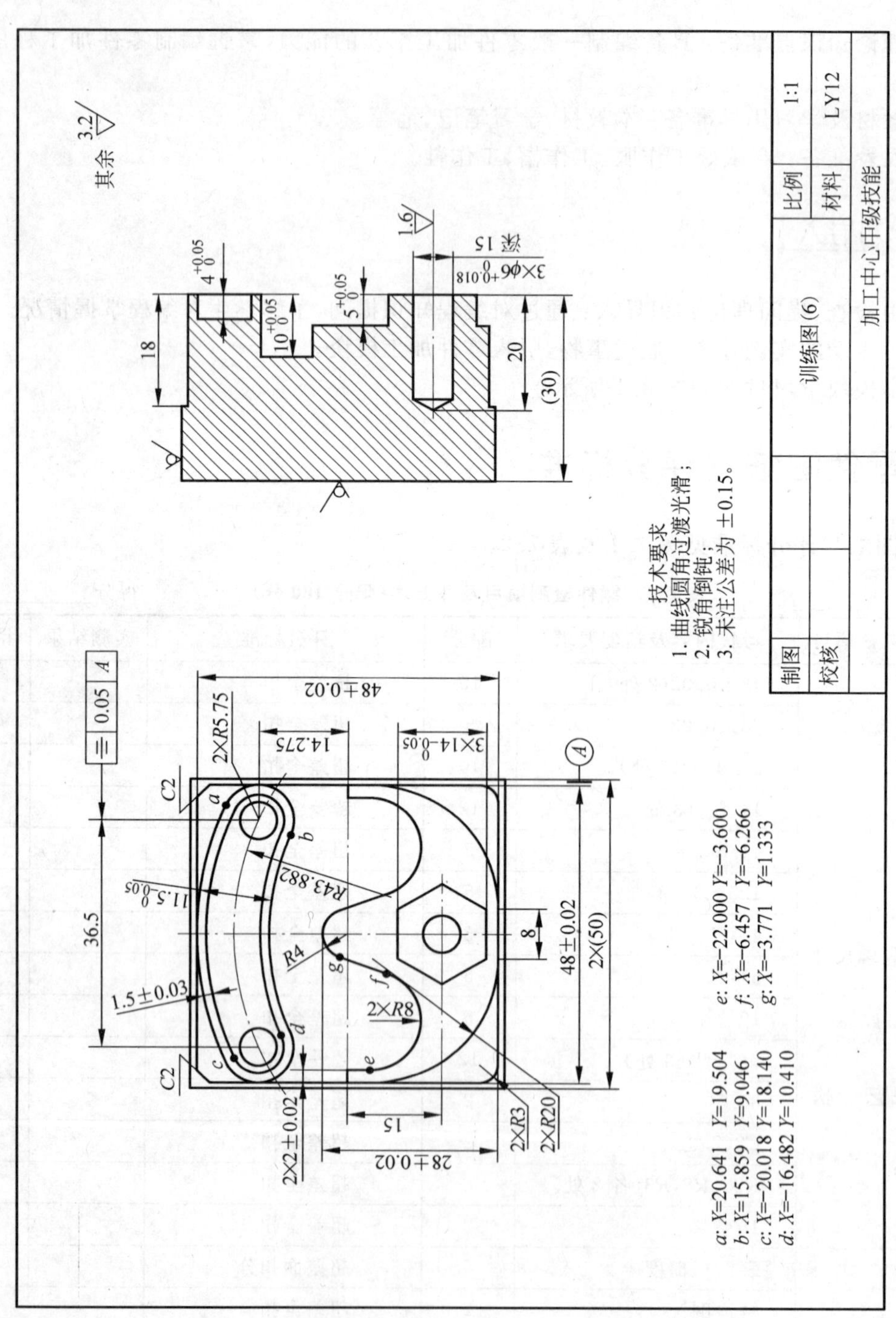

图 7.1 零件图

7.2　图纸分析

教学策略：课堂讨论、教师总结。

学生对图纸的各个尺寸进行分析，得出自己认为合理的工艺方案。教师针对多种不同的图纸分析方案进行总结性分析，提出较为合理的分析结果。

7.2.1　学生自主分析

1. 零件图纸分析

2. 工艺分析

7.2.2　参考分析

1. 零件图分析

通过零件图分析，该零件由4个外形轮廓、一个月牙槽和3个孔构成。包括对边距离为$14_{-0.05}^{\ 0}$mm，高$5_{\ 0}^{+0.05}$mm的六方凸台；由(48±0.02)mm、(28±0.02)mm、(2±0.02)mm、R8mm和R4mm为主要尺寸构成的高5mm山字形凸台；宽$11.5_{-0.05}^{\ 0}$mm，高$10_{\ 0}^{+0.05}$mm月牙形凸台；(48±0.02)mm×(48±0.02)mm，深18mm的方；壁厚为(1.5±0.03)mm，深$4_{\ 0}^{+0.05}$mm月牙槽；3个$\phi 6_{\ 0}^{+0.018}$mm孔，深15mm。

零件形状复杂，最高公差要求是0.04mm。槽为薄壁结构，加工槽时要防止变形和过切，孔精度较高，须铰孔保证加工精度。

2. 工艺分析

依据图纸，材料选择硬铝，毛坯尺寸50mm×50mm×32mm。工艺过程为铣平面、钻孔、粗、精铣各轮廓和铰孔。

7.3　工艺规程设计

教学策略：分组讨论、小组汇报、教师总结。

以分组讨论的形式对零件提出整体的加工方案，小组得出统一方案后集中汇总、汇报。教师针对多种不同的加工方案进行分析，并提出较为合理的工艺路线。

7.3.1 学生自主设计

1. 刀具选择(表 7.3)

表 7.3 刀具卡片

刀具名称	刀具规格	材料	数量	刀具用途	备注

2. 切削参数选择(表 7.4)

表 7.4 切削参数卡片

刀具	切削速度 v/(m/min)	每刃进给量 f/(mm/刃)	主轴转速 S/(r/min)	进给速度 F/(mm/min)	备注

3. 工艺规程安排(表 7.5)

表 7.5 工序卡片(可附表)

<table>
<tr><td colspan="3">单位</td><td colspan="3">产品名称及型号</td><td colspan="2">零件名称</td><td>零件图号</td></tr>
<tr><td colspan="3"></td><td colspan="3"></td><td colspan="2"></td><td></td></tr>
<tr><td>工序号</td><td colspan="2">程序编号</td><td colspan="3">夹具名称</td><td colspan="2">使用设备</td><td>工件材料</td></tr>
<tr><td></td><td colspan="2"></td><td colspan="3"></td><td colspan="2"></td><td></td></tr>
<tr><td>工步</td><td>工步内容</td><td colspan="2">刀号</td><td>切削用量</td><td colspan="2">备注</td><td colspan="2">工序简图</td></tr>
<tr><td></td><td></td><td colspan="2"></td><td></td><td colspan="2"></td><td colspan="2"></td></tr>
<tr><td></td><td></td><td colspan="2"></td><td></td><td colspan="2"></td><td colspan="2"></td></tr>
<tr><td></td><td></td><td colspan="2"></td><td></td><td colspan="2"></td><td colspan="2"></td></tr>
</table>

7.3.2 参考分析

1. 刀具选择

本例工件材料为硬铝，刀具选择刃口锋利、直线度好、精度高的高速钢整体立铣刀。刀具使用时，六方柱和(48±0.02)mm×(48±0.02)mm 方，选择较大直径的刀具，提高加工效率；受形状限制，山字形、月牙形凸台和月牙槽，选择 ϕ8mm 立铣刀加工。考虑粗精加工刀具分开原则，精加工时选用 ϕ8mm 立铣刀。孔加工选用中心钻、ϕ5.8mm 钻头和 ϕ6H7mm

铰刀加工。选用刀具情况见表7.6。

表7.6　刀具卡片

刀具名称	刀具规格	材料	数量	刀具用途	备注
立铣刀	ϕ12mm	高速钢	1	平面加工，轮廓粗	
立铣刀	ϕ8mm	高速钢	1	轮廓粗、精加工	
中心钻	ϕ3mm	高速钢	1	钻中心孔	
麻花钻	ϕ5.8mm	高速钢	1	钻ϕ5.8mm孔	
铰刀	ϕ6H7mm	高速钢	1	铰$\phi 6^{+0.018}_{0}$mm孔	

2. 切削参数选择

加工对象的材质为合金铝，刀具的材质和规格，从金属切削参数书籍中查找刀具切削速度、每齿进给量，确定选用刀具的转速、进给速度，也可依据以往加工经验，确定切削参数。参考切削参数见表7.7。

表7.7　切削参数卡片

刀　具	切削速度 v/(m/min)	每刃进量 f/(mm/刃)	主轴转速 S/(r/min)	进给速度 F/(mm/min)	备注
ϕ12mm立铣刀	50	0.04	1300	200	粗加工
ϕ8mm立铣刀	45	0.03	1800	210	粗加工
	60	0.03	2400	280	精加工
ϕ3mm中心钻	30	0.03	3200	200	
ϕ5.8mm钻头	30	0.05	1400	140	
ϕ6H7mm铰刀	10	0.04	500	100	

3. 切削深度 a_p

该零件材料为合金铝，月牙形外轮廓深度最大加工量为10mm，机床刚度能够满足加工要求，受零件形状的限制，该轮廓需选用ϕ8mm立铣刀加工，考虑刀具刚度和强度，轮廓须分层加工，其余轮廓加工深度按图纸标注尺寸加工即可，不需分层加工。

4. 工艺规程安排

根据零件图分析，确定零件各个轮廓加工工艺安排如表7.8所示。

表7.8　零件工序卡片

单位		产品名称及型号	零件名称	零件图号
			简单零件	
工序	程序编号	夹具名称	使用设备	工件材料
1	O0001	精密平口钳	VMC850	LY12

续表

工步	工步内容	刀号	刀具及切削用量	备注	工序简图
1	铣平面,加工原点设定在工件上表面中心	T01	ϕ12mm 立铣刀 S=2100r/min F=300mm/min a_p=0.3mm		
2	钻 3 个 ϕ5.8mm 孔的定位中心孔	T02	ϕ3mm 中心钻 S=3200r/min F=200mm/min a_p=3mm		
3	钻 3 个 ϕ5.8mm 孔,深 20mm	T03	ϕ5.8mm 钻头 S=1400r/min F=140mm/min a_p=2mm		
4	粗铣对边距离为 $14_{-0.05}^{\ 0}$mm、高 $5_{\ 0}^{+0.05}$mm 的六方凸台,留余量 0.2mm	T01	ϕ12mm 立铣刀 S=1300r/min F=200mm/min a_p=5mm		8
5	粗铣(48±0.02)mm×(48±0.02)mm 深 18mm 的方,留余量 0.2mm	T01	ϕ12mm 立铣刀 S=1300r/min F=200mm/min a_p=18mm		8
6	粗铣宽 $11.5_{-0.05}^{\ 0}$ mm 高 $10_{\ 0}^{+0.05}$mm 月牙形凸台,留余量 0.2mm	T04	ϕ8mm 立铣刀 S=1800r/min F=210mm/min a_p=5mm		
7	粗铣由(48±0.02)mm、(28±0.02)mm、(2±0.02)mm、R8mm 和 R4mm 为主要尺寸构成的高 5mm 山字形凸台,留余量 0.2mm	T04	ϕ8mm 立铣刀 S=1800r/min F=210mm/min a_p=5mm		

续表

工步	工步内容	刀号	刀具及切削用量	备注	工序简图
8	粗铣壁厚为(1.5±0.03)mm，深 $4^{+0.05}_{0}$ mm 月牙槽，留余量 0.2mm	T04	ϕ8mm 立铣刀 S=1800r/min F=210mm/min a_p=4mm		
9	精铣对边距离为 $14_{-0.05}^{0}$ mm，高 $5^{+0.05}_{0}$ mm 的六方凸台至图纸尺寸	T04	ϕ8mm 立铣刀 S=2400r/min F=280mm/min a_p=5mm		
10	精铣（48±0.02）mm×(48±0.02)mm，深 18mm 的方至图纸尺寸	T04	ϕ8mm 立铣刀 S=2400r/min F=280mm/min a_p=18mm		
11	精铣宽 $11.5_{-0.05}^{0}$ mm，高 $10^{+0.05}_{0}$ mm 月牙形凸台至图纸尺寸	T04	ϕ8mm 立铣刀 S=2400r/min F=280mm/min a_p=10mm		
12	精铣由（48±0.02）mm、（28±0.02）mm、（2±0.02)mm、R8mm 和 R4mm 为主要尺寸构成的高 5mm 山字形凸台至图纸尺寸	T04	ϕ8mm 立铣刀 S=2400r/min F=280mm/min a_p=5m		
13	精铣壁厚为(1.5±0.03)mm，深 $4^{+0.05}_{0}$ mm 月牙槽至图纸尺寸	T04	ϕ8mm 立铣刀 S=2400r/min F=280mm/min a_p=4mm		
14	铰 3 个 $\phi 6^{+0.018}_{0}$ mm 孔，深 15mm	T05	ϕ6H7mm 铰刀 S=500r/min F=100mm/min a_p=15mm		

7.4 程序编制

教学策略：讲授法、提问法、反馈强化。

针对加工编程所选择的加工方式、切削参数的设置逐一讲解。

7.4.1 参考编程

O1；(铣平面)

行号	主 程 序	解 释
N1	S1500M03	给定主轴转速
N2	G91G01X−70F300	给定 X 的增量坐标以及进给速度

续表

行号	主　程　序	解　　释
N3	Y10	给定 Y 的增量坐标
N4	X70	
N5	Y10	
N6	M99	返回主程序

O2；(钻中心孔)		
行号	主　程　序	解　　释
N1	G90 G54 G00 X0Y0 S3200 M03	定位起始点
N2	G43 H2 Z100	调用 2 号刀具，定位起始高度
N3	G98 G81 X0 Y－15 R3 Z－2 F200	用 G83 指令钻孔，深度为 2mm
N4	X－18.25 Y14.275	
N5	X18.25	
N6	G80	用 G80 取消钻孔
N7	M30	程序停止并返回程序头

O3；(钻 3 个 ϕ5.8mm 孔程序)		
行号	主　程　序	解　　释
N1	G90 G54 G00 X35 Y35 S1400 M03	定位起始点
N2	G43 H3 Z100	调用 3 号刀具，定位起始高度
N3	G98 G83 X0 Y－15 R3 Z－22 Q2 F140	用 G83 指令钻孔，深度为 22mm
N4	X－18.25 Y14.275	
N5	X18.25	
N6	G80	用 G80 取消钻孔
N7	M30	程序停止并返回程序头

O4；(铣六方程序)		
行号		
N1	G90 G54 G00 X20 Y－35 S1300 M3	定位起始点
N2	G43 H1 Z100	调用 1 号刀长补，定位起始高度
N3	Z5 M08	快速移动到安全高度
N4	G01 Z－5 F200	慢速移动到切削深度
N5	G41 D1 Y－22	执行刀具半径补偿指令
N6	X－4.041	
N7	X－8.083 Y－15	
N8	X－4.041 Y－8	
N9	X4.041	
N10	X8.083 Y－15	
N11	X4.041 Y－22	
N12	G40 X0 Y0	取消刀具半径补偿指令
N13	G00 Z100	快速移动，将刀提到起始高度
N14	M30	程序结束

O5；（铣(48±0.02)mm×(48±0.02)mm，深 18mm 方的程序）

行号	程　　序	解　　释
N01	G90 G54 G00 X35 Y35 S1300 M03	定位起始点
N02	G43 H1 Z100	定位安全高度
N03	Z5 M08	
N04	G01 Z－18 F200	
N05	G41 D01 X24	执行刀具半径补偿指令
N06	Y－24,R3	
N07	X－24,R3	
N08	Y24,C2	
N09	X22	
N10	X24 Y22	
N11	G00 Z100	定位到安全高度
N12	G40 X35	取消刀具半径补偿
N13	M30	程序停止并返回程序头

O6；（铣宽 $11.5_{-0.05}^{0}$ mm，高 $10_{0}^{+0.05}$ mm 月牙形凸台程序）

行号	程　　序	解　　释
N01	G90 G54 G00 X35 Y14.275 S1800 M03	定位起始点
N02	G43 H4 Z100	调用 4 号刀长补，定位起始高度
N03	Z5 M08	快速移动到安全高度
N04	G01 Z－5 F210	第一层铣深 5mm，第二层铣深 10mm
N05	G41 D04 X24	
N06	G02 X15.859 Y9.046 R5.75	
N07	G03 X－15.859 Y9.04 R38.132	
N08	G02 X－20.641 Y19.504 R5.75	
N09	G02 X20.641 Y19.504 R49.632	
N10	G02 X24 Y14.275 R5.75	
N11	G01 G40 X35	
N12	G00 Z100	
N13	M30	

注：为了避免之后的三字形凸台被过切，此程序加工时用 $\phi 8$ 的铣刀加工。

O7；（铣由(48±0.02)mm、(28±0.02)mm、(2±0.02)mm、*R*8mm 和 *R*4mm 为主要尺寸构成的高 5mm 山字形凸台程序）

行号	程　　序	解　　释
N01	G90 G54 G0 X30 Y5 S1800 M03	定位起始点
N02	G43 H4 Z100	调用 4 号刀长补，定位起始高度
N03	Z5 M08	快速移动到安全高度
N04	G01 Z－10 F210	
N05	G41 D04 X24	
N06	Y－24,R20	
N07	X－24,R20	

续表

行号	主　程　序	解　　释
N08	Y0	
N09	X－22	
N10	Y－3.6	
N11	G03 X－6.457 Y6.266 R8	
N12	G01 X－3.771 Y1.333	
N13	G02 X3.771 Y1.333 R4	
N14	G01 X6.457 Y－6.226	
N15	G03 X22 Y－3.6 R8	
N16	G01 Y0	
N17	X30	
N18	G00 Z100	
N19	G40 X0 Y0	
N20	M30	

O8；(铣壁厚为 1.5±0.03mm，深 $4^{+0.05}_{0}$ mm 月牙槽程序)

行号	程　序	解　　释
N01	G90 G54 G00 X18.25 Y14.275 S1800 M03	定位起始点
N02	G43 H2 Z100	调用 4 号刀长补，定位起始高度
N03	Z5 M08	快速移动到安全高度
N04	G1 Z－4 F50	
N05	G41 D04 X20.018 Y18.14 F200	
N06	G03 X－20.018 Y18.14 R48.132	
N07	G03 X－16.482 Y10.41 R4.25	
N08	G02 X16.482 Y10.41 R39.632	
N09	G03 X20.018 Y18.14 R4.25	
N10	G01 G40 X18.25 Y14.275	
N11	G00 Z100	
N12	M30	

O9；(铰 3 个 $\phi 6^{+0.018}_{0}$ mm 孔程序)

行号	主　程　序	解　　释
N1	G90 G54 G00 X35 Y35 S500 M03	定位起始点
N2	G43 H5 Z100	调用 5 号刀具，定位起始高度
N3	G98 G81 X0 Y－15 R3 Z－15 F100	用 G81 指令钻孔，深度为 15mm
N4	X－18.25 Y14.275	
N5	X18.25	
N6	G80	用 G80 取消钻孔
N7	M30	程序停止并返回程序头

7.4.2　学生自主编程

学生独立完成程序编制，选择相应的加工方式并设置切削参数，经过程序校验，确定正确后，填写表7.9加工程序清单。

表7.9　加工程序清单

序号	程序号	刀具	刀具号	刀具长度补偿号	备注

7.5　加工前准备

1. 机床准备(表7.10)

表7.10　机床准备卡片

	机械部分				电器部分		数控系统部分			辅助部分	
设备检查	主轴部分	进给部分	刀库部分	润滑部分	主电源	冷却风扇	电器元件	控制部分	驱动部分	冷却	润滑
检查情况											
注：经检查后该部分完好，在相应项目下打"√"；若出现问题及时报修。											

2. 工件安装

(1) 精密平口虎钳安装牢固，位置方向要正确。

(2) 工件夹紧力适当，安装牢固。

(3) 工件安装的高度正确，夹具不能与刀具发生干涉。

(4) 工作坐标系设定要正确。

3. 刀具安装及加工参数设置

(1) 铣刀伸出长度尽可能地短，以增加刀具的刚性。

(2) 安装的刀具号要对应好。

(3) 刀具的补偿数值应输入在与程序中该刀具相对应的刀补号中。

7.6　实际零件加工

学生加工训练：

训练过程中，指导教师巡回指导，及时纠正不正确的操作姿势、解决学生练习中出现的各种问题。

7.7 零件测量

教学策略：讲授法、互动法。

零件的加工质量的高低，取决于加工尺寸与零件图纸的符合度，取决于零件尺寸测量的准确度。采用讲授法将量具的选择、校正及测量的方法再次提出，以便加深学生的印象；实际测量中可以采用同组学生互测、教师抽测的方法，检测零件的加工质量，积累测量经验，提高学生的质量意识。

7.7.1 参考检测工艺

1. 检测(48±0.02)mm、$14_{-0.05}^{0}$mm、(28±0.02)mm、(2±0.02)mm 尺寸

用 0.01 精度的千分尺测量该尺寸 3 个不同位置，根据测量结果和被测尺寸的公差要求判断是否合格。

2. 检测两处 $11.5_{-0.05}^{0}$mm、(1.5±0.03)mm 尺寸

用 0.01 精度的数显游标卡尺测量该尺寸 3 个不同位置，根据测量尺寸和被测尺寸的公差要求判断是否合格。

3. 检测 $4_{0}^{+0.05}$mm、$5_{0}^{+0.05}$mm、$10_{0}^{+0.05}$mm 尺寸

用 0.01 精度的深度千分尺测量该尺寸 3 个不同位置，根据测量结果和被测尺寸的公差要求判断是否合格。

4. 检验$\phi 6_{0}^{+0.018}$mm 孔尺寸

用 ϕ6h7 塞规检验，塞规的通端插入深度大于被测深度的 2/3，止端插入深度小于被测深度的 1/3 为合格。

5. 检验 *R*20mm、*R*8mm、*R*4mm、*R*3mm 尺寸

用 R 规检验，根据测量轮廓和 R 规符合程度判断是否合格。

6. 检验 *C*2 倒角尺寸

用 0.02 精度的游标卡尺和角度尺测量该尺寸，根据测量结果和被测尺寸的公差要求判断是否合格。

7. 检查表面粗糙度 *Ra*1.6、*Ra*3.2

用表面粗糙度比较样本进行比较验定表面粗糙度。

7.7.2 检测并填写记录表

教学策略：个人检测、教师抽验。

由检测同学按评分表检测零件尺寸；检测结果与图纸尺寸进行比较，从中发现问题尺寸并找出检测出现不同结果的原因，最后由教师对学生的零件进行抽样检测，并针对出现的问题分析出现测量误差的原因及提出改进的方法。

7.8 加工误差分析及后续处理

教学策略：学生反馈、讲授法、提问法。

针对学生出现加工误差及时反馈的情况，教师进行集中汇总，针对出现较多的情况采用讲授的方法来指导学生了解出现的原因；对于出现几率不大或没有出现的情况，教师采用提问的方法引导学生自主分析加工误差产生的原因。

加工中心机床上进行铣削加工过程中产生精度降低的原因是多方面的，经常遇到的加工误差有多种，其问题现象、产生的原因、预防和消除的措施见表7.11。

表7.11 加工误差分析及后续处理

问题现象	产生原因	预防和消除
尺寸超差	1. 刀具数据不准确 2. 切削用量选择不当产生让刀 3. 程序错误 4. 零件图绘制错误	1. 调整或重新设定刀具数据 2. 合理选择切削用量 3. 检查、修改加工程序 4. 正确绘制零件图
深度尺寸不一致	1. 工件装夹校正不正确 2. 装夹不牢靠，加工过程中产生松动 3. 刀具磨损	1. 工件装夹校正准确 2. 装夹工件准确牢靠 3. 更换刀具
表面有振纹	1. 工件装夹不正确 2. 刀具安装不正确 3. 切削参数不正确	1. 检查工件安装，增加安装刚性 2. 调理刀具安装位置 3. 提高或降低切削速度
切削过程中刀具折断	1. 进给量过大 2. 切削深度过大 3. 切屑阻塞	1. 降低进给速度 2. 减小切削深度 3. 浇注充足冷却液及时排屑
表面粗糙度差	1. 切削速度过低 2. 切削液选用不合理 3. 刀具切削刃不锋利	1. 调高主轴转速 2. 选择正确的切削液，并充分喷注 3. 选择刀刃锋利刀具

7.9 课题小结

1. 教学策略：小组汇报、教师总结

通过小组汇报的方式，教师可以以小组为单位了解各组的工件完成情况及存在的问题，并有针对性地提出下一步的教学方案，对操作较好的学生提出提高方案，对技能情况掌握不理想的学生提出改进意见。

教师以本课题中提出的学习目标总结学生实际掌握的情况及存在的问题，为下一阶段的学习打下基础。

2. 考核方式：日常考核

首先以课题提出的评分标准为一定的考核依据，同时配合学生实际操作中的不同阶段予以分别考核，如学生的操作规范、工件加工、零件检测等环节。

7.10 综合评价

1. 自我评价(表 7.12)

表 7.12 自我评价表

课题名称			课时				
课题自我评价成绩			任课教师				
类别	序号	自我评价项目	结果	A	B	C	D
编程	1	程序是否能顺利完成加工					
	2	程序是否满足零件的工艺要求					
	3	编程的格式及关键指令是否能正确使用					
	4	题目：通过该零件编程你的收获主要有哪些？ 作答：					
	5	题目：你设计本程序的主要思路是什么？ 作答：					
工件刀具安装	1	刀具安装是否正确					
	2	工件安装是否正确					
	3	题目：安装刀具时需要注意的事项主要有哪些？ 作答：					
	4	题目：安装工件时需要注意的事项主要有哪些？ 作答：					

续表

类别	序号	自我评价项目	结果	A	B	C	D
操作与加工	1	操作是否规范					
	2	切削用量是否符合加工要求					
	3	题目：加工时需要注意的事项主要有哪些？ 作答：					
	4	题目：加工时经常出现的加工误差主要有哪些？ 作答：					
精度检测	1	是否了解本零件测量需要的各种量具及其使用					
	2	题目：本零件精度检测的主要内容是什么？采用了何种方法？ 作答：					
（本部分综合成绩）合计：							
自我总结							
学生签字： 年　月　日		指导教师签字： 年　月　日					

2. 小组互评（表 7.13）

表 7.13　小组互评表

序号	小组评价项目	评价情况
1	学习态度是否积极主动	
2	是否服从教师的教学安排和管理	
3	着装是否符合标准	
4	是否按照安全规范操作	
5	能否辨别工作环境中哪些是危险的因素	
6	是否合理规范地使用工具和量具	
7	是否遵守学习场所的规章制度	

续表

序号	小组评价项目	评价情况
8	能否正确地对待肯定与否定的意见	
9	团队学习中主动与合作的情况如何	

参与评价同学签名：

年　月　日

3. 教师评价

教师总体评价：

教师签字：________

年　月　日

模块 8

复杂零件的加工

学习目的

(1) 能够识读复杂零件图纸,编制零件加工工艺;
(2) 根据图纸合理作出刀具的清单;
(3) 掌握复杂零件的编程;
(4) 掌握零件的加工精度控制方法;
(5) 能正确选择量具检测零件尺寸精度;
(6) 养成良好的职业习惯。

学习要求

(1) 完成综合零件加工工艺的制定;
(2) 选择合理的切削用量,编制零件加工程序;
(3) 操作数控机床完成零件的加工,尺寸公差等级达 IT8,表面粗糙度达 $Ra3.2\mu m$;
(4) 完成零件尺寸精度的检测。

学习重点

(1) 学习零件加工工艺的制定;
(2) 学习零件加工程序的编制;
(3) 学习加工参数的正确设置。

学习难点

(1) 学习零件加工工艺的制定;
(2) 学习加工零件尺寸的准确测量及精度控制。

教学策略

课堂讲授＋现场练习，演练法、互动法。

对于综合零件工艺分析环节可以首先采用互动的方法使同学们展开讨论，随后教师通过课堂点评和讲授的方式提出较为合理的工艺路线，对轮廓铣削和钻孔的切削用量的选择进行课堂讲授；零件加工程序编制关键点的提醒；零件的检测采用演练法。

教师课前准备

1. 教学用具

授课计划、纸质及电子教案、课件、黑板、粉笔、多媒体设备、实物样件等。

2. 教学管理物品

实训过程记录表、实训成绩评价标准、实训报告评分标准、实训室使用记录表、仪器设备维护保养卡等。

3. 检查实训设备

开机前检查机床外观各部位是否存在异常，如防护罩、脚踏板等部位；检查机床润滑油液是否充足；检查机床面板各旋钮状态；开机后检查机床是否存在报警，正确返回机床参考点操作。

4. 训练用具(表 8.1)

表 8.1 训练用具清单

序号	类别	名称	规格	数量	备注
1	材料	LY12	50mm×50mm×35mm	1块	
2	刀具	高速钢立铣刀	ϕ12mm，ϕ8mm	各1支	
		中心钻	A3	1支	
		麻花钻	ϕ5.8mm	1支	
		机铰刀	ϕ6H7mm	1支	
3	夹具	精密平口虎钳	0～300mm	1套	
4	量具	游标卡尺	0～150mm	1把	
		千分尺	0～25mm，25～50mm	各1把	
		深度千分尺	0～25mm	1把	
		内测千分尺	5～30mm	1把	
5	工具	铣夹头		2个	
		钻夹头		1个	
		弹簧夹套	ϕ12mm，ϕ8mm	各1个	与刀具配套
		平行垫铁		1副	
		油石		1支	

学生课前准备

(1) 理论知识点准备：具备编制一般零件加工工艺的能力，掌握编制零件加工程序的基本方法。

(2) 教材及学习用具准备：本教材、学习笔记、笔等。

(3) 衣着准备：穿戴好工作服、工作帽、工作鞋。

学习导入

(1) 由检查、提问理论知识导入：通过对编程知识提问，了解学生对编程掌握情况。

(2) 由生动的实例导入：通过事物，引入零件加工模块。

(3) 本模块学习过程如图 2.1 所示。

8.1　零件图纸与评分标准

零件图纸与评分标准见图 8.1 及表 8.2。

表 8.2　零件检测项目及评分表(配分 100 分)　　得分________

序号	考核项目	考核内容及精度要求	配分	评分标准	实测结果	得分
1	轮廓尺寸	48±0.02(2 处)	10	超差全扣		
2		28±0.02	5	超差全扣		
3		2±0.02(2 处)	10	超差全扣		
4		$14_{-0.05}^{\ 0}$(3 处)	12	超差全扣		
5		$11.5_{-0.05}^{\ 0}$	5	超差全扣		
6		1.5±0.03	5	超差全扣		
7		$4_{\ 0}^{+0.05}$	5	超差全扣		
8		$5_{\ 0}^{+0.05}$	5	超差全扣		
9		$10_{\ 0}^{+0.05}$	5	超差全扣		
10		$\phi 6_{\ 0}^{+0.018}$(3 处)	12	超差全扣		
11		36.5	2	超差全扣		
12		C2(2 处)	2	超差全扣		
13		R20、R8、R3(各 2 处)	6	超差全扣		
14		15	2	超差全扣		
15	其他	表面粗糙度	5	超差面扣分		
16		棱边倒钝	2	超差全扣		
17		图形完整	4	不完整全扣		
18		文明生产	3	违规操作全扣		

技术要求
1. 未注公差按 IT12 标准执行；
2. 锐角倒钝；
3. 表面不得磕、碰、划伤。
制图
校核
训练图(7)
加工中心中级技能
比例 1:1
材料 LY12
a: X21.0 Y10.50
b: X17.806 Y14.806
c: X14.806 Y17.806
d: X10.50 Y21.0
e: X12.0 Y-3.0
f: X10.445 Y-7.572
g: X7.445 Y-14.906
h: X4.963 Y-14.604
i: X8.463 Y-6.048
j: X9.50 Y-3.0
k: X7.0 Y12.124

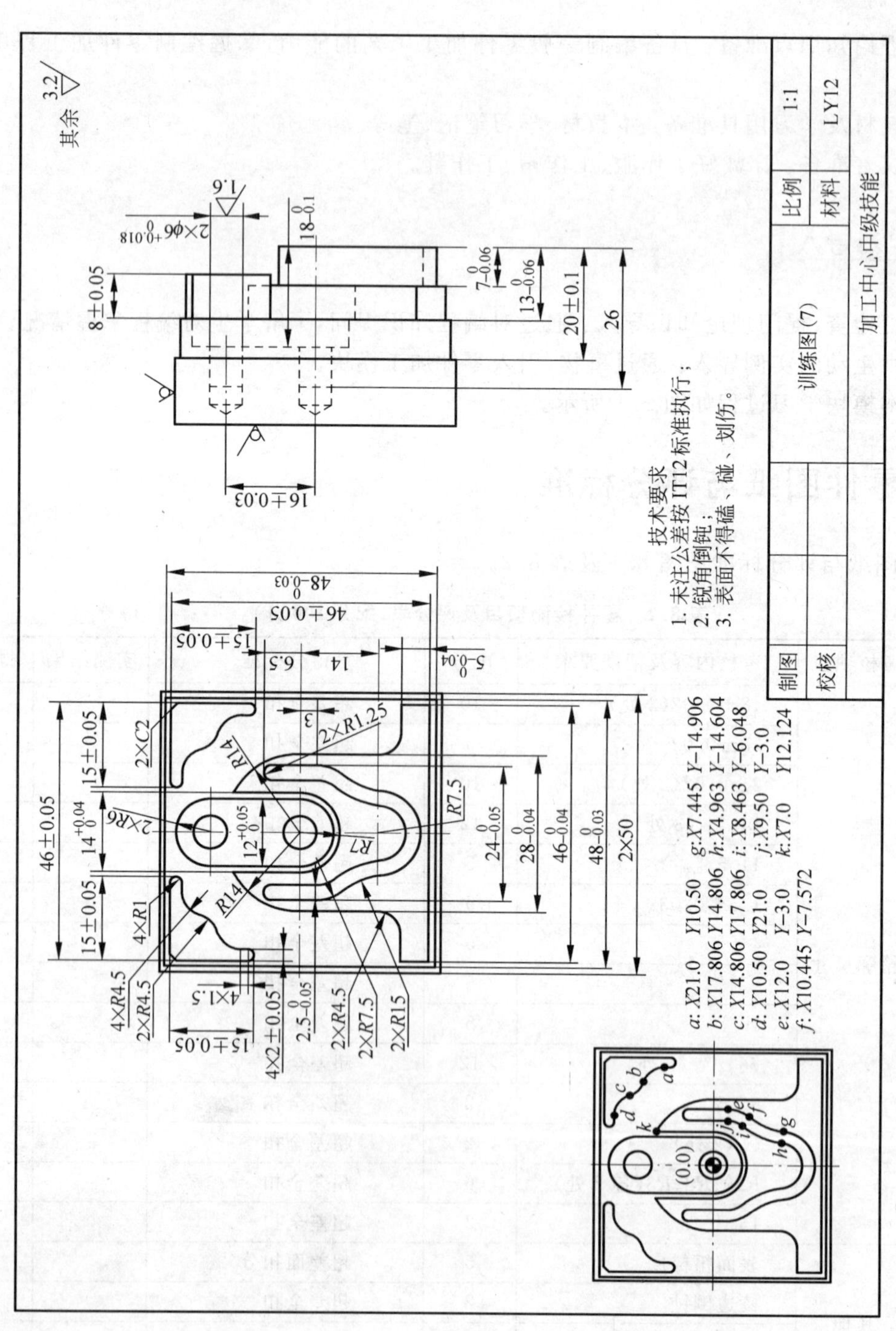

图 8.1 零件图

8.2 图纸分析

教学策略：课堂讨论、教师总结。

学生对图纸的各个尺寸进行分析，得出自己认为合理的工艺方案。教师针对多种不同的图纸分析方案进行总结性分析，提出较为合理的分析结果。

8.2.1 学生自主分析

1. 零件图纸分析

____

____

____

2. 工艺分析

____

____

____

8.2.2 参考分析

1. 零件图分析

通过零件图分析，该零件由 5 个外形轮廓、一个键槽和两个孔构成。包括高为 $7_{-0.06}^{\ 0}$ mm，外形尺寸为 $24_{-0.05}^{\ 0}$ mm，壁厚为 $2.5_{-0.05}^{\ 0}$ mm 的薄壁凸台；由 $46_{-0.04}^{\ 0}$ mm、$28_{-0.04}^{\ 0}$ mm、$5_{-0.04}^{\ 0}$ mm 和 $R14$mm 圆弧为主要尺寸构成的深 $13_{-0.06}^{\ 0}$ mm 的轮廓；两个由(15±0.05)mm、(2±0.05)mm、$R4.5$mm 和 $R1$mm 构成的距顶面 5mm，高(8±0.05)mm 的凸形轮廓；$48_{-0.03}^{\ 0}$ mm×$48_{-0.03}^{\ 0}$ mm，深(20±0.1)mm 的方；宽 $12_{\ 0}^{+0.05}$ mm，距顶面 $18_{-0.1}^{\ 0}$ mm 的键槽；两个 $\phi 6_{\ 0}^{+0.018}$ mm 孔，深 26mm。

零件形状复杂，最高公差要求是 0.03mm。具有薄壁结构，加工槽时要防止变形，各轮廓之间距离较近，加工时要选择合适的刀具，防止相互过切，孔精度较高，须铰孔保证加工精度。

2. 工艺分析

依据图纸，材料选择硬铝，毛坯尺寸 50mm×50mm×32mm。工艺过程为铣平面、钻孔、粗、精铣各轮廓和铰孔。

8.3 工艺规程设计

教学策略：分组讨论、小组汇报、教师总结。

以分组讨论的形式对零件提出整体的加工方案，小组得出统一方案后集中汇总、汇报。

教师针对多种不同的加工方案进行分析，并提出较为合理的工艺路线。

8.3.1 学生自主设计

1. 刀具选择(表 8.3)

表 8.3 刀具卡片

刀具名称	刀具规格	材料	数量	刀具用途	备注

2. 切削参数选择(表 8.4)

表 8.4 切削参数卡片

刀具	切削速度 v/(m/min)	每刃进给量 f/(mm/刃)	主轴转速 S/(r/min)	进给速度 F/(mm/min)	备注

3. 工艺规程安排(表 8.5)

表 8.5 工序卡片(可附表)

<table>
<tr><td colspan="3">单位</td><td colspan="3">产品名称及型号</td><td colspan="2">零件名称</td><td>零件图号</td></tr>
<tr><td colspan="3"></td><td colspan="3"></td><td colspan="2"></td><td></td></tr>
<tr><td>工序号</td><td colspan="2">程序编号</td><td colspan="3">夹具名称</td><td colspan="2">使用设备</td><td>工件材料</td></tr>
<tr><td></td><td colspan="2"></td><td colspan="3"></td><td colspan="2"></td><td></td></tr>
<tr><td>工步</td><td>工步内容</td><td colspan="2">刀号</td><td>切削用量</td><td colspan="2">备注</td><td colspan="2">工序简图</td></tr>
<tr><td></td><td></td><td colspan="2"></td><td></td><td colspan="2"></td><td colspan="2" rowspan="2"></td></tr>
<tr><td></td><td></td><td colspan="2"></td><td></td><td colspan="2"></td></tr>
</table>

8.3.2 参考分析

1. 刀具选择

本例工件材料为硬铝，刀具选择刃口锋利、直线度好、精度高的高速钢整体立铣刀。刀具使用时，选择较大直径的刀具，加工内容为铣削平面、48mm×48mm 深 20mm 方及去除两个高(8±0.05)mm 的凸形轮廓余量；受形状限制，其他轮廓选择 ϕ8mm 立铣刀加工。考虑粗精加工刀具分开原则，精加工时选用 ϕ8mm 立铣刀。孔加工选用中心钻、ϕ5.8mm 钻头和 ϕ6H7mm 铰刀加工。选用刀具情况见表 8.6。

表 8.6　刀具卡片

刀具名称	刀具规格	材料	数量	刀具用途	备注
立铣刀	ϕ12mm	高速钢	1	平面加工，轮廓粗	
立铣刀	ϕ8mm	高速钢	1	轮廓粗、精加工	
中心钻	ϕ3mm	高速钢	1	钻中心孔	
麻花钻	ϕ5.8mm	高速钢	1	钻 ϕ5.8mm 孔	
铰刀	ϕ6H7mm	高速钢	1	铰 $\phi 6^{+0.018}_{0}$ mm 孔	

2. 切削参数选择

加工对象的材质为合金铝，刀具的材质和规格，从金属切削参数书籍中查找刀具切削速度、每齿进给量，确定选用刀具的转速、进给速度，也可依据以往加工经验，确定切削参数。参考切削参数见表 8.7。

表 8.7　切削参数卡片

刀　具	切削速度 v/(m/min)	每刃进量 f/(mm/刃)	主轴转速 S/(r/min)	进给速度 F/(mm/min)	备注
ϕ12mm 立铣刀	50	0.04	1300	200	粗加工
ϕ8mm 立铣刀	45	0.03	1800	210	粗加工
	60	0.03	2400	280	精加工
ϕ3mm 中心钻	30	0.03	3200	200	
ϕ5.8mm 钻头	30	0.05	1400	140	
ϕ6H7mm 铰刀	10	0.04	500	100	

3. 切削深度 a_p

该零件材料为合金铝，受零件形状的限制，须选用 ϕ8mm 立铣刀加工轮廓，考虑刀具刚度和强度，粗加工时深度大于 5mm 的轮廓须分层加工，精加工各轮廓时加工深度按图纸标注尺寸加工即可，不需分层加工。

4. 工艺规程安排

根据零件图分析，确定零件各个轮廓加工工艺安排如表 8.8 所示。

表 8.8　零件工序卡片

单位		产品名称及型号	零件名称	零件图号
			简单零件	
工序	程序编号	夹具名称	使用设备	工件材料
1	O0001	精密平口钳	VMC850	LY12

续表

工步	工步内容	刀号	刀具及切削用量	备注	工序简图
1	铣平面,加工原点设定在工件上表面中心	T01	ϕ12mm 立铣刀 S=2100r/min F=300mm/min a_p=0.3mm		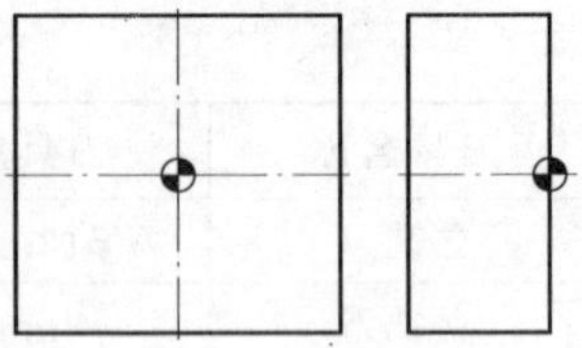
2	铣两个高(8±0.05)mm 的凸形轮廓上面余量	T01	ϕ12mm 立铣刀 S=1300r/min F=200mm/min a_p=5mm		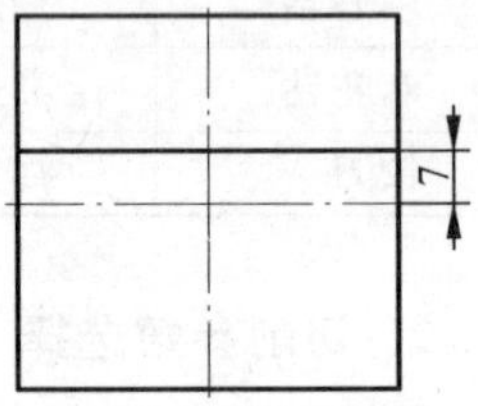
3	粗铣 $48_{-0.03}^{\ 0}$mm×$48_{-0.03}^{\ 0}$mm,深(20±0.1)mm 的方,留余量 0.2mm	T01	ϕ12mm 立铣刀 S=1300r/min F=200mm/min a_p=10mm	分层加工	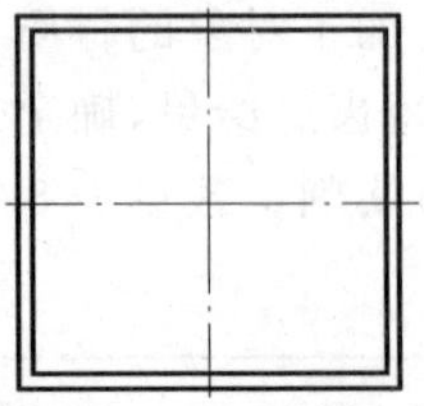
4	粗铣高为 $7_{-0.06}^{\ 0}$mm,外形尺寸为 $24_{-0.05}^{\ 0}$mm,壁厚为 $2.5_{-0.05}^{\ 0}$mm 的薄壁,留余量 0.2mm	T02	ϕ8mm 立铣刀 S=1800r/min F=210mm/min a_p=3.5mm		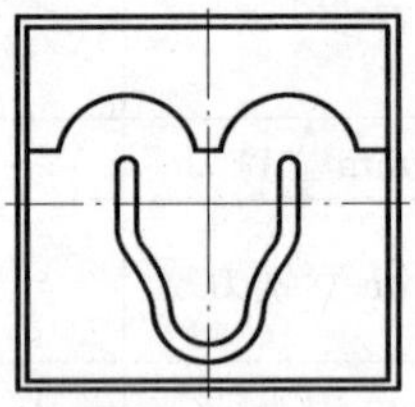
5	粗铣两个由(15±0.05)mm、(2±0.05)mm、R4.5mm 和 R1mm 构成的,高(8±0.05)mm 的凸形轮廓,留余量 0.2mm	T02	ϕ12mm 立铣刀 S=1300r/min F=200mm/min a_p=4mm		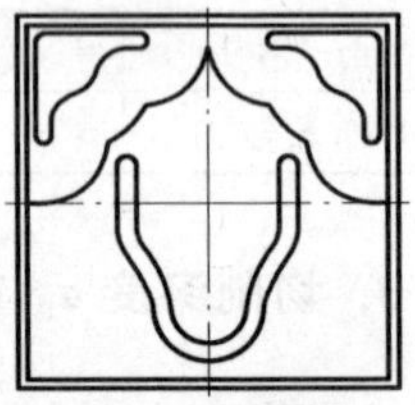
6	粗铣由 $46_{-0.04}^{\ 0}$mm、$28_{-0.04}^{\ 0}$mm、$5_{-0.04}^{\ 0}$mm 和 R14mm 圆弧为主要尺寸构成的深 $13_{-0.06}^{\ 0}$mm 的轮廓,留余量 0.2mm	T02	ϕ8mm 立铣刀 S=1800r/min F=210mm/min a_p=3mm		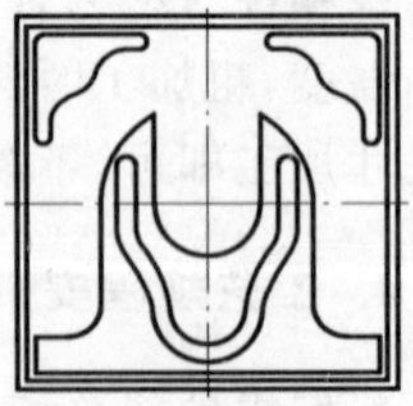
7	粗铣宽 $12_{\ 0}^{+0.05}$mm,距顶面 $18_{-0.1}^{\ 0}$mm 的键槽,留余量 0.2mm	T02	ϕ8mm 立铣刀 S=1800r/min F=210mm/min a_p=5mm		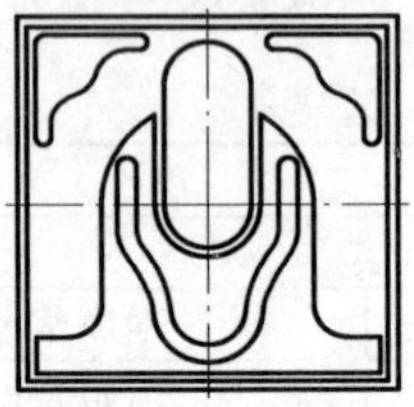

续表

工步	工步内容	刀号	刀具及切削用量	备注	工序简图
8	钻两个 ϕ5.8mm 孔的定位中心孔	T03	ϕ3mm 中心钻 $S=3200$r/min $F=200$mm/min $a_p=3$mm		
9	钻两个 ϕ5.8mm 孔,深 20mm	T04	ϕ5.8mm 钻头 $S=1400$r/min $F=140$mm/min $a_p=2$mm		
10	精铣 $48_{-0.03}^{0}$mm×$48_{-0.03}^{0}$mm,深(20±0.1)mm 的方至图纸尺寸	T02	ϕ8mm 立铣刀 $S=2400$r/min $F=280$mm/min $a_p=7$mm		
11	精铣高为 $7_{-0.06}^{0}$mm,外形尺寸为 $24_{-0.05}^{0}$mm,壁厚为 $2.5_{-0.05}^{0}$mm 的薄壁至图纸尺寸	T02	ϕ8mm 立铣刀 $S=2400$r/min $F=280$mm/min $a_p=7$mm		
12	精铣两个由(15±0.05)mm、(2±0.05)mm、R4.5mm和R1mm 构成的,高(8±0.05)mm 的凸形轮廓至图纸尺寸	T02	ϕ8mm 立铣刀 $S=2400$r/min $F=280$mm/min $a_p=7$mm		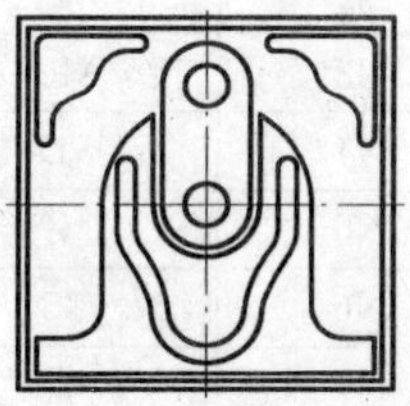
13	精铣由 $46_{-0.04}^{0}$mm、$28_{-0.04}^{0}$mm、$5_{-0.04}^{0}$mm 和 R14mm 圆弧为主要尺寸构成的深 $13_{-0.06}^{0}$mm 的轮廓至图纸尺寸	T02	ϕ8mm 立铣刀 $S=2400$r/min $F=280$mm/min $a_p=6$mm		
14	精铣宽 $12_{0}^{+0.05}$mm,距顶面 $18_{-0.1}^{0}$mm 的键槽至图纸尺寸	T02	ϕ8mm 立铣刀 $S=2400$r/min $F=280$mm/min $a_p=5$mm		
15	铰两个 $\phi6_{0}^{+0.018}$mm 孔,深 15mm	T05	ϕ6H7mm 铰刀 $S=500$r/min $F=100$mm/min $a_p=26$mm		

8.4 程序编制

教学策略:讲授法、提问法、反馈强化。

针对加工编程所选择的加工方式、切削参数的设置逐一讲解。

8.4.1 参考编程

O1;(铣平面)

行号	主 程 序	解 释
N1	S1500 M03	给定主轴转速
N2	G91 G01 X−70 F300	给定 X 的增量坐标以及进给速度
N3	Y10	给定 Y 的增量坐标
N4	X70	
N5	Y10	
N6	M99	返回程序头

O2;(铣两个高(8±0.05)mm 的凸形轮廓上面余量程序)

行号	程 序	解 释
N1	G90 G54 G00 X0 Y0 S1300 M3	定位起始点
N2	G43 H1 Z100	调用 1 号刀长补,定位起始高度
N3	Z5 M08	快速移动到安全高度
N4	G41 D01 X35 Y27	
N5	G01 Z−5 F200	移动到切削深度
N6	X−35	
N7	Y7	
N8	X35	
N9	G40 X0 Y0	取消刀具半径补偿
N10	G00 Z100	定位到起始高度
N11	M30	程序停止并返回程序头

O3;(铣 $48_{-0.03}^{0}$ mm×$48_{-0.03}^{0}$ mm,深(20±0.1)mm 方的程序)

行号	程 序	解 释
N01	G90 G54 G00 X35 Y35 S1300 M03	定位起始点
N02	G43 H1 Z100	调用 1 号刀长补,定位起始高度
N03	Z5 M08	快速移动到安全高度
N04	G01 Z−20 F200	
N05	G41 D01 X24	执行刀具半径补偿指令
N06	Y−24	
N07	X−24	
N08	Y24	
N09	X25	
N10	G40 X35	取消刀具半径补偿
N11	G00 Z100	定位到起始高度
N12	M30	程序停止并返回程序头

O4；(铣高为 $7_{-0.06}^{\ 0}$ mm，外形尺寸为 $24_{-0.05}^{\ 0}$ mm，壁厚为 $2.5_{-0.05}^{\ 0}$ mm 的薄壁程序)

行号	程　序	解　释
N01	G90 G54 G0 X27 Y−3 S1800 M3	定位起始点
N02	G43 H2 Z100	调用 2 号刀长补，定位起始高度
N03	Z100	快速移动到起始高度
N04	Z5 M08	
N05	G1 Z−7 F210	
N06	G41 D01 X12	执行刀具半径补偿指令
N07	G2 X10.445 Y−7.572 R7.5	
N08	G3 X7.445 Y−14.906 R15	
N09	G2 X−7.445 Y−14.906 R7.5	
N10	G3 X−10.445 Y−7.572 R15	
N11	G2 X−12. Y−3 R7.5	
N12	G1 Y5.25	
N13	G2 X−9.5 Y5.25 R1.25	
N14	G1 Y−3	
N15	G3 X−8.463 Y−6.048 R5	
N16	G2 X−4.963 Y−14.604 R17.5	
N17	G3 X4.963 Y−14.604 R5	
N18	G2 X8.463 Y−6.048 R17.5	
N19	G3 X9.5 Y−3 R5	
N20	G1 Y5.25	
N21	G2 X12 Y5.25 R1.25	
N22	G1 Y−3	
N23	G0 Z100	定位到安全高度
N24	G40X0Y0	取消刀具半径补偿
N25	M30	程序停止并返回程序头

O5；(铣两个由(15±0.05)mm、(2±0.05)mm、*R*4.5mm 和 *R*1mm 构成的，高(8±0.05)mm 的凸形轮廓主程序)

行号	主　程　序	解　释
N01	G90 G54 G0 X27 Y−3 S1800 M3	定位起始点
N02	G43 H2 Z100	调用 2 号刀长补，定位起始高度
N03	Z100	快速移动到安全高度
N04	Z5 M08	
N05	M98 P50 D02	调用 O50 号子程序
N06	G68 X0 Y0 R90	以(0,0)为中心旋转 90°
N07	M98 P50 D02	调用 O50 号子程序
N08	G00 Z100	定位到安全高度
N09	M30	程序停止并返回程序头

O5；(铣由(15±0.05)mm、(2±0.05)mm、*R*4.5mm 和 *R*1mm 构成的，高(8±0.05)mm 的凸形轮廓子程序)

行号	子 程 序	解　　释
N01	X30 Y30	
N02	G1 Z－13 F210	
N03	G41 X23 Y30	执行刀具半径补偿指令
N04	Y9	
N05	G2 X21 Y9 R1	
N06	G1 Y10.5	
N07	G3 X17.806 Y14.806 R4.5	
N08	G2 X14.806 Y17.806 R4.5	
N09	G3 X10.5 Y21 R4.5	
N10	G1 X9	
N11	G2 X9 Y23 R1	
N12	G1 X22	
N13	X23 Y22	
N14	G0 Z5	定位到安全高度
N15	G40 X30 Y30	取消刀具半径补偿
N16	M99	返回主程序

O6；(铣由 $46_{-0.04}^{\ 0}$mm、$28_{-0.04}^{\ 0}$mm、$5_{-0.04}^{\ 0}$mm 和 *R*14mm 圆弧为主要尺寸构成的深 $13_{-0.06}^{\ 0}$mm 的轮廓程序)

行号	程　序	解　　释
N01	G90 G54 G0 X30 Y－30 S1800 M3	定位起始点
N02	G43 H2 Z100	调用 2 号刀长补，定位起始高度
N03	Z100	快速移动到起始高度
N04	Z5 M08	
N05	G1 Z－13 F210	
N06	G41 D02 Y－23	执行刀具半径补偿指令
N07	X－23	
N08	Y－18	
N09	X－18.5	
N10	G3 X－14 Y－13.5 R4.5	
N11	G1 Y0	
N12	G2 X－7 Y12.124 R14	
N13	G1 Y0	
N14	G3 X7 Y0 R7	
N15	G1 Y12.124	
N16	G2 X14 Y0 R14	
N17	G1 Y－13.5	
N18	G3 X18.5 Y－18 R4.5	
N19	G1 X23	
N20	Y－23	
N21	G40X0Y0	取消刀具半径补偿
N22	G0 Z100	定位到安全高度
N23	M30	程序停止并返回程序头

O7；（铣宽 $12^{+0.05}_{0}$ mm，距顶面 $18^{0}_{-0.1}$ mm 的键槽程序）

行号	程　序	解　释
N01	G90 G54 G0 X0 Y0 S1800 M3	定位起始点
N02	G43 H2 Z100	调用 2 号刀长补，定位起始高度
N03	Z100	快速移动到起始高度
N04	Z5 M08	
N05	G1 Z－18 F50	
N06	G41 D02 X6 F150	执行刀具半径补偿指令
N07	Y16	
N08	G3 X－6 Y16 R6	
N09	G1 Y0	
N10	G3 X6 Y0 R6	
N11	G40 X0 Y0	取消刀具半径补偿
N12	G0 Z100	定位到安全高度
N13	M30	程序停止并返回程序头

O8；（钻中心孔）

行号	主 程 序	解　释
N1	G90 G54 G00 X0 Y0 S3200 M03	定位起始点
N2	G43 H3 Z100	调用 3 号刀具，定位起始高度
N3	G98 G81 X0 Y0 R3 Z－20 F200	用 G83 指令钻孔，深度为 2mm
N4	Y16	
N5	G80	用 G80 取消钻孔
N6	M30	程序停止并返回程序头

O9；（钻两个 $\phi5.8$mm 孔程序）

行号	主 程 序	解　释
N1	G90 G54 G00 X0 Y0 S1400 M03	定位起始点
N2	G43 H4 Z100	调用 4 号刀具，定位起始高度
N3	G98 G83 X0 Y0 R3 Z－31 Q2 F140	用 G83 指令钻孔，深度为 31mm
N4	Y16	
N5	G80	用 G80 取消钻孔
N6	M30	程序停止并返回程序头

O10；（铰 $\phi6^{+0.018}_{0}$ mm 孔程序）

行号	主 程 序	解　释
N1	G90 G54 G00 X0Y0 S500 M03	定位起始点
N2	G43 H5 Z100	调用 5 号刀具，定位起始高度
N3	G98 G81 X0 Y0 R3 Z－26 F100	用 G81 指令钻孔，深度为 26mm
N4	Y16	
N5	G80	用 G80 取消钻孔
N6	M30	程序停止并返回程序头

8.4.2 学生自主编程

学生独立完成程序编制，选择的相应的加工方式并设置切削参数，经过程序校验，确定正确后，填写表8.9加工程序清单。

表8.9 加工程序清单(附表)

序号	程序号	刀具	刀具号	刀具长度补偿号	备注

8.5 加工前准备

1. 机床准备(表8.10)

表8.10 机床准备卡片

<table>
<tr><td></td><td colspan="4">机械部分</td><td colspan="2">电器部分</td><td colspan="3">数控系统部分</td><td colspan="2">辅助部分</td></tr>
<tr><td>设备检查</td><td>主轴部分</td><td>进给部分</td><td>刀库部分</td><td>润滑部分</td><td>主电源</td><td>冷却风扇</td><td>电器元件</td><td>控制部分</td><td>驱动部分</td><td>冷却</td><td>润滑</td></tr>
<tr><td>检查情况</td><td></td><td></td><td></td><td></td><td></td><td></td><td></td><td></td><td></td><td></td><td></td></tr>
<tr><td colspan="12">注：经检查后该部分完好，在相应项目下打“√”；若出现问题及时报修。</td></tr>
</table>

2. 工件安装

(1) 精密平口虎钳安装牢固，位置方向要正确。

(2) 工件夹紧力适当，安装牢固。

(3) 工件安装的高度正确，夹具不能与刀具发生干涉。

(4) 工作坐标系设定要正确。

3. 刀具安装及加工参数设置

(1) 铣刀伸出长度尽可能地短，以增加刀具的刚性。

(2) 安装的刀具号要对应好。

(3) 刀具的补偿数值应输入在与程序中该刀具相对应的刀补号中。

8.6 实际零件加工

训练过程中，指导教师巡回指导，及时纠正不正确的操作姿势、解决学生练习中出现的各种问题。

8.7 零件测量

教学策略：讲授法、互动法。

零件的加工质量的高低，取决于加工尺寸与零件图纸的符合度，取决于零件尺寸测量的准确度。在对加工零件测量时采用讲授法将量具的选择、校正及测量的方法再次提出，以便加深学生的印象；实际测量中可以采用同组学生互测、教师抽测的方法，检测零件的加工质量，积累测量经验，提高学生的质量意识。

8.7.1 参考检测工艺

1. 检测 $48_{-0.03}^{\ 0}$ mm、$46_{-0.04}^{\ 0}$ mm、$28_{-0.04}^{\ 0}$ mm、$5_{-0.04}^{\ 0}$ mm、$2.5_{-0.05}^{\ 0}$ mm 尺寸

用 0.01 精度的外径千分尺测量该尺寸 3 个不同位置，根据测量结果和被测尺寸的公差要求判断是否合格。

2. 检测两处(46±0.05)mm、(15±0.05)mm 尺寸

用 0.01 精度的数显游标卡尺测量该尺寸 3 个不同位置，根据测量尺寸和被测尺寸的公差要求判断是否合格。

3. 检测 $12_{0}^{+0.05}$ mm 尺寸

用 0.01 精度的内测千分尺测量该尺寸 3 个不同位置，根据测量结果和被测尺寸的公差要求判断是否合格。

4. 检测 $7_{-0.06}^{\ 0}$ mm、$13_{-0.06}^{\ 0}$ mm、$18_{-0.1}^{\ 0}$ mm 尺寸

用 0.01 精度的深度千分尺测量该尺寸 3 个不同位置，根据测量结果和被测尺寸的公差要求判断是否合格。

5. 检测(20±0.1)mm 尺寸

用 0.02 精度的深度游标尺测量该尺寸 3 个不同位置，根据测量结果和被测尺寸的公差要求判断是否合格。

6. 检验 $\phi 6_{0}^{+0.018}$ mm 孔尺寸

用 ϕ6h7 塞规检验，塞规的通端插入深度大于被测深度的 2/3，止端插入深度小于被测深度的 1/3 为合格。

7. 检验(16±0.03)mm 孔距尺寸

在 $\phi 6_{0}^{+0.018}$ mm 孔中插入两个 ϕ6h7mm 圆柱销，用 0.01 精度的外径千分尺测量两圆柱销之间尺寸，然后计算两孔距离，计算结果和被测尺寸的公差要求判断是否合格。

8. 检验各圆弧尺寸

用 R 规检验，根据测量轮廓和 R 规符合程度判断是否合格。

9. 检查表面粗糙度 *Ra*1.6、*Ra*3.2

用表面粗糙度比较样本进行比较验定表面粗糙度。

8.7.2 检测并填写记录表

教学策略：个人检测、教师抽验。

由检测同学按评分表检测零件尺寸；检测结果与图纸尺寸进行比较，从中发现问题尺寸并找出检测出现不同结果的原因，最后由教师对学生的零件进行抽样检测，并针对出现的问题分析出现测量误差的原因及提出改进的方法。

8.8 加工误差分析及后续处理

教学策略：学生反馈、讲授法、提问法。

针对学生出现加工误差并及时反馈的情况，教师进行集中汇总，针对出现的较多情况采用讲授的方法来指导学生了解出现的原因；对于出现几率不大或没有出现的情况，教师采用提问的方法引导学生自主分析加工误差产生的原因。

加工中心机床上进行铣削加工过程中产生精度降低的原因是多方面的，经常遇到的加工误差有多种，其问题现象、产生的原因、预防和消除的措施见表 8.11。

表 8.11 加工误差分析及后续处理

问题现象	产生原因	预防和消除
尺寸超差	1. 刀具数据不准确 2. 切削用量选择不当产生让刀 3. 程序错误 4. 零件图绘制错误	1. 调整或重新设定刀具数据 2. 合理选择切削用量 3. 检查、修改加工程序 4. 正确绘制零件图
深度尺寸不一致	1. 工件装夹校正不正确 2. 装夹不牢靠，加工过程中产生松动 3. 刀具磨损	1. 工件装夹校正准确 2. 装夹工件准确牢靠 3. 更换刀具
表面有振纹	1. 工件装夹不正确 2. 刀具安装不正确 3. 切削参数不正确	1. 检查工件安装，增加安装刚性 2. 调理刀具安装位置 3. 提高或降低切削速度
切削过程中刀具折断	1. 进给量过大 2. 切削深度过大 3. 切屑阻塞	1. 降低进给速度 2. 减小切削深度 3. 浇注充足冷却液及时排屑
表面粗糙度差	1. 切削速度过低 2. 切削液选用不合理 3. 刀具切削刃不锋利	1. 调高主轴转速 2. 选择正确的切削液，并充分喷注 3. 选择刀刃锋利刀具

8.9　课题小结

1. 教学策略：小组汇报、教师总结

通过小组汇报的方式，教师可以以小组为单位了解各组的工件完成情况及存在的问题，并有针对性地提出下一步的教学方案，对操作较好的学生提出提高方案，对技能情况掌握不理想的学生提出改进意见。

教师以本课题中提出的学习目标总结学生实际掌握的情况及存在的问题，为下一阶段的学习打下基础。

2. 考核方式：日常考核

首先以课题提出的评分标准为一定的考核依据，同时配合学生实际操作中的不同阶段予以分别考核，如学生的操作规范、工件加工、零件检测等环节。

8.10　综合评价

1. 自我评价（表 8.12）

表 8.12　自我评价表

<table>
<tr><td colspan="2">课题名称</td><td></td><td>课时</td><td colspan="4"></td></tr>
<tr><td colspan="2">课题自我评价成绩</td><td></td><td>任课教师</td><td colspan="4"></td></tr>
<tr><td>类别</td><td>序号</td><td>自我评价项目</td><td>结果</td><td>A</td><td>B</td><td>C</td><td>D</td></tr>
<tr><td rowspan="5">编程</td><td>1</td><td>程序是否能顺利完成加工</td><td></td><td></td><td></td><td></td><td></td></tr>
<tr><td>2</td><td>程序是否满足零件的工艺要求</td><td></td><td></td><td></td><td></td><td></td></tr>
<tr><td>3</td><td>编程的格式及关键指令是否能正确使用</td><td></td><td></td><td></td><td></td><td></td></tr>
<tr><td>4</td><td colspan="2">题目：通过该零件编程你的收获主要有哪些？
作答：</td><td></td><td></td><td></td><td></td></tr>
<tr><td>5</td><td colspan="2">题目：你设计本程序的主要思路是什么？
作答：</td><td></td><td></td><td></td><td></td></tr>
</table>

续表

类别	序号	自我评价项目	结果	A	B	C	D
工件刀具安装	1	刀具安装是否正确					
	2	工件安装是否正确					
	3	题目：安装刀具时需要注意的事项主要有哪些？ 作答：					
	4	题目：安装工件时需要注意的事项主要有哪些？ 作答：					
操作与加工	1	操作是否规范					
	2	切削用量是否符合加工要求					
	3	题目：加工时需要注意的事项主要有哪些？ 作答：					
	4	题目：加工时经常出现的加工误差主要有哪些？ 作答：					
精度检测	1	是否了解本零件测量需要的各种量具及其使用					
	2	题目：本零件精度检测的主要内容是什么？采用了何种方法？ 作答：					
（本部分综合成绩）合计：							
自我总结							
学生签字： 年　月　日			指导教师签字： 年　月　日				

2. 小组互评(表 8.13)

表 8.13　小组互评表

序号	小组评价项目	评价情况
1	学习态度是否积极主动	
2	是否服从教师的教学安排和管理	
3	着装是否符合标准	
4	是否按照安全规范操作	
5	能否辨别工作环境中哪些是危险的因素	
6	是否合理规范地使用工具和量具	
7	是否遵守学习场所的规章制度	
8	能否正确地对待肯定与否定的意见	
9	团队学习中主动与合作的情况如何	

参与评价同学签名：

年　　月　　日

3. 教师评价

教师总体评价：

教师签字：____________

年　　月　　日

参 考 文 献

[1] 何平.数控加工中心操作与编程实训教程[M].北京：国防工业出版社，2006.
[2] 汤伟文.加工中心中级工、高级工实训教程[M].北京：电子工业出版社，2009.
[3] 《数控大赛试题·答案·点评》编委会.数控大赛试题·答案·点评[M].北京：机械工业出版社，2006.
[4] 陈海舟.数控铣削加工及应用实例[M].北京：机械工业出版社，2006.
[5] 方沂.数控机床编程与操作[M].北京：国防工业出版社，1999.
[6] 中华人民共和国劳动和社会保障部.加工中心操作工(2005年版)——国家职业标准[S].北京：中国劳动社会保障出版社，2005.